Common Sentence Rhetoric

ふだん使いの 文章レトリック

たとえる、におわす、ほのめかす!?

ながたみかこ

笠間書院

はじめに

「伝達の文章」と「表現の文章」

例えば、とても美味しい料理を食べたことを人に伝えたいとき、あなたならどんな文章を書きますか。その料理は、人生で食べたものの中で一番美味しいと感じました。食べる前に写真も撮ったことだし、ＳＮＳにアップしようか――そう考えたとしましょう。

「とても美味しかった」

今まで食べたことのないほど美味しいのに、今まで何度も書いたことのある「とても美味しい」で表現するのは違うような気がしませんか。「とても美味しい」程度のものなら、これまでも何度食べているはず。この料理は人生最高の美味しさなのに。う〜ん。

「非常に美味」「超おいしい」「頬が落ちる」「これヤバい」

あれこれ考えては消し、迷っては消し。どれもこれもしっくりきません。

ま、いっか。

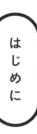

結局いつも通り「めっちゃ美味しかった」と書いて、投稿完了。

……と、こんな経験はないでしょうか。伝えたいことがあるのにどう書いていいのかわからない、気付くといつも同じ表現ばかり使っている。これは多くの人がぶつかる壁かと思います。

議事録など、決まった型に必要事項を入れ込んでいけばいいものは「伝達の文章」です。これは特に私たちの頭を悩ませることはないでしょう。問題は「表現の文章」です。どんな風に美味しかったか。どんな種類の悲しみだったのか。どのくらい困ったのか。表現の文章に正解はありませんし、悩んで悩んで書き上げたところで、結局言いたいことが全く伝わっていないかもしれないのです。ああ、悩ましい。

私たちは小学校にあがるとすぐ読み書きを習います。文章を書くという行為そのものは、小学一年生でできるほど簡単なのです。そうして学校で作文や日記を書くようになり、私たちは長い人生において一体どれだけの文章を綴るのでしょう。現代はインターネットが発達し、アナログでは手紙などを書かなかった人でも、メールやSNSなどで文を書く機会が増えていると思います。

これまで莫大な量の文章を綴ってきたはずなのに、いざ何かを伝えようとすると、あまりの難しさに頭を悩ませます。適切な表現が見つからなかったり、同じ言い回しばかりを使ってしまったり。文章それ自体は小学一年生でも書けるほど簡単なはずなのに。小学一年生から数えると執筆歴はウン十年のはずなのに。むむむ……。

そこで多くの人は「語彙力」を身につけようとします。表現に苦労する原因は語彙力がないからであり、多くの言葉を知れば苦労せずに済むと考えるのです。語彙力とは「知っている言葉の数」と「それを使いこなす能力」のことです。新しい言葉を使いたいがために類語辞典を開いて言葉の数を増やし、それを使ってちょっと安心したりするわけです。

確かに辞書を開いて言葉の数を増やすことも大切ではありますが、それが全てではありません。なぜなら、自分自身も辞書を引くまで知らなかったわけですから、その語はおそらく一般的な言葉ではないでしょう。読んだ人も知らない可能性が高く、その人が辞書を引いてまで意味を追求してくれるかどうか甚だ疑問です。

また、新しい言葉を習得しても、言葉の数には限りがあります。結局、使い果たしてしまい、同じ言葉を使い回すことになるかもしれません。さらに言えば、背伸びをして選んだ単語は使い方のニュアンスを把握していないので、不釣り合いな場面で使ってしまうこともあり危険です。

さあ、レトリックの出番です。

レトリックを一言で説明するならば「文章を魅力的に表現するための技法」です。発祥は古代ギリシャで使われた弁論術・説得術で、なにかに喩えたり、相手に問いかけたり、逆のことを言ってみたりして、自分の論に相手を従わせる「術」「仕掛け」でした。日本に入ったきたレトリックは「修辞」「文彩（ぶんさい）」「彩（あや）」と呼ばれ、文章を魅力的に表現するための「言葉のあや」として使われるようになりました。学校では「比喩」「オノマトペ」「擬人法」「倒置法」などを習ったことと思います。いずれも言いたいことを強調したり、魅力的に表現したり、相手に正確に伝えたりするために使われるレトリックです。

鮮やかなレトリックの術を見てみましょう。横光利一『春は馬車に乗って』からの引用です。肺病に侵された妻とその夫を描いた物語のラストシーンです。

> 彼と妻とは、もう萎れた一対の茎のように、日日黙って並んでいた。しかし、今は、二人は完全に死の準備をして了った。もう何事が起ろうとも恐がるものはなくなった。そうして、彼の暗く落ちついた家の中では、山から運ばれて来る水甕の水が、いつも静まった心のように清らかに満ちていた。

（中略）

長らく寒風にさびれ続けた家の中に、初めて早春が匂やかに訪れて来たのである。

彼は花粉にまみれた手で花束を捧げるように持ちながら、妻の部屋へ這入っていった。

「とうとう、春がやって来た」

「まア、綺麗だわね」と妻は云うと、頬笑みながら痩せ衰えた手を花の方へ差し出した。

「これは実に綺麗じゃないか」

「どこから来たの」

「この花は馬車に乗って、海の岸を真っ先きに春を撒き撒きやって来たのさ」

妻は彼から花束を受けると両手で胸いっぱいに抱きしめた。そうして、彼女はその明るい花束の中へ蒼ざめた顔を埋めると、恍惚として眼を閉じた。

横光利一『春は馬車に乗って』より

死に直面した夫婦を描いた名場面です。妻の命の期限はもう目前で、それまで波風の立っていた二人の関係に静寂が訪れます。夫から受け取った花束に顔をうずめる妻の姿は、棺桶に入れられた死者と献花を連想させます。

死と静寂と幸福が入り混じるこの名場面は、誰もが馴染みのある平易な言葉だけを使って表現されています。日常生活から乖離したような難解な単語はひとつも見あたりません。その代わりに見つかるのは、あちこちに散りばめられた見事なレトリックです。例えば、前半部分は次のようになります。

萎れた一対の茎のように（直喩）、日日黙って並んでいた（誇張法）。しかし、今は、二人は完全に死の準備（含意法）をして了った。もう何事が起ろうとも恐がるものはなくなった（誇張法）。そうして、彼の暗く落ちついた家の中（含意法）では、山から運ばれて来る水甕の水が、いつも静まった心のように（直喩・擬人法）清らかに満ちていた。

平易な言葉でのレトリックが頻出し「死」や「静寂」が表現されています。こうして解読してみると、表現力をつける＝言葉の数を増やすということではない、と感じていただけるのではないでしょうか。印象に残る文を書くためには、インパクトのある単語や難しい言葉を選ぶことよりも、言葉をどう並べるか、語と語にどんな関係性を持たせるかが大切なのです。それがレトリックです。

本書では先に述べたような学校で習う代表的なレトリックの他、皮肉を込める技法、ドラマティックに見せる技法、大げさに言う技法等々、12章35種のレトリックを取り上げました。小説などの創作をしている方、メールや手紙などの表現に幅を持たせたい方、作文をちょっと気取って書きたい学生さんなどに幅広く使っていただけるよう、文例には小説家や詩人の作品だけでなく、新聞記事、歌詞、キャッチコピーなど、さまざまな文章を挙げました。簡単な練習問題も用意しましたので、是非挑戦してみてください。正解のない世界ですので練習問題の解答は特にありませんが、取り組んでいるうちにご自分なりの正解が見つかることと思います。

レトリックには「○○法」などという仰々しい名前が付いているし、数は多いしで、どうにも身構えてしまうかもしれません。呼び名なんてものはどうでもいいことで、覚える必要などありません。まずは色々なレトリックに触れて「言葉のあや」を感じてみてください。そして言葉に対する感度を上げ、彩りあふれる文章を綴っていきましょう。

※以下、本書における引用文の傍線・傍点・太字などは、とくに注記があるもの以外原則として著者によるものとする。

目次

1章 喩えを使って言葉にできないことを伝える

2章 極端な表現でユーモアを交える

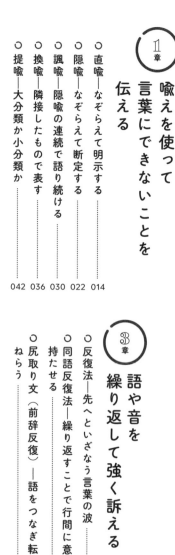

3章 語や音を繰り返して強く訴える

1章

喩えを使って言葉にできないことを伝える

直喩——なぞらえて明示する

レトリックの代表的なものと言えば、比喩でしょう。比喩にも多くの種類がありますが、もっともよく見かけるのが直喩です。言い表しにくいことを他の事象に喩えて、具体的に表現する技法です。

例えば「彼女は笑った」という一文では表情や心情は読み取れません。心から楽しそうな笑いだったのでしょうか。悲しみをたたえた微笑みだったのでしょうか。その笑顔は美しかったのでしょうか、醜かったのでしょうか。前後の文で推測できるとも限らず、誤読も生じることでしょう。「彼女は微笑んだ」「彼女は顔をほころばせた」「彼女は破顔した」

などと言い換えれば具体性は出ますが、それでもやはり情報不足です。
仮にこれを「彼女は太陽のように笑った」とすれば、彼女の笑顔は明るく力強いものだったことが表現できます。太陽ですからみんなを照らします。周囲の人間の心もあたためる、裏表のない真っすぐな笑顔——そんなイメージでしょうか。

直喩なし

≫彼女は笑った。

直喩あり

≫彼女は太陽のように笑った。

その他の言い換え例

≫彼女は朗らかに笑った。
≫彼女はケラケラと声をあげて笑った。
≫彼女は明るく笑った。

「朗らかに笑った」「ケラケラと声をあげて笑った」「明るく笑った」等と言い換えもできますが、「太陽のように」とすると視覚や聴覚など五感で感じることだけでなく、彼女が周りに与える影響や自分との関係性なども匂わせることができます。

直喩は「なぞらえる」ことです。似たものと引き合わせる技法の為、「〜のように」という語で表現されるのが一般的です。「まるで――のように」と2語を対として使う場合も多く見られます。「まるで」が導入の役割を果たすので、直喩の始まりを明確に読み取ることができます。「〜のように」と同様の意味を持つ「〜みたいに」「〜がごとく」「〜といったふうな」などの語が使われることもあります。いずれも、直喩であることを明示する記号的役割を果たします。

「まるで――のように」の使用例

ぽつんとしたまっ赤なあかりや、硫黄のほのおのようにぼうとした紫いろのあかりやらで、眼をほそくしてみると、**まるで**大きなお城がある**ように**おもわれるのでした。

宮沢賢治「月夜のでんしんばしら」より

よいかつおぶしは、かつおぶしとかつおぶしとを叩き合わすと、カンカンといって**まるで**拍子木か、ある種の石を鳴らす**みたいな**音がするもの。

北大路魯山人「だしの取り方」より

また南アメリカのある地方では一種の蟻が一匹ごとに必ず緑色の小さな木の葉を口にくわえ、**まるで**人間が傘をさしている**ごとく**にして歩くが、そこには蟻と全く種類の違う昆虫で、頭から背中まで緑色を呈して、木の葉をかざしたままの蟻と寸分も違わぬ種類がある。

丘浅次郎「自然界の虚偽」

直喩は目に見えないことや表現しづらいことを具象化するのに適した技法です。形が定まっていないもの、不安定なもの、物質ではないもの……文章で伝えづらいことはたくさんあります。物質として存在しないものといえば、例えば性格や感情などがあります。詩作品から例を紹介します。

大人になってもどぎまぎしたっていいんだな
ぎこちない挨拶　醜く赤くなる
失語症　なめらかでないしぐさ
子供の悪態にさえ傷ついてしまう
頼りない生牡蠣のような感受性
それらを鍛える必要は少しもなかったのだな

茨木のり子「汲む　――Y・Yに――」より

詩人茨木のり子の作品です。傷つきやすく不安定な自らの感受性を「頼りない生牡蠣のような感受性」と述べています。この直喩を省略して「子供の悪態にさえ傷ついてしまう感受性」としても意味は通じます。しかし、ここに直喩を使うことで、その感受性がどのくらい繊細なのかがイメージできるのです。

生牡蠣です。少し力を入れて触れると傷がつき、箸で持ち上げるだけで破れてしまいそうになるほどの、あの、柔らかさです。まさにそれは「子供の悪態にさえ傷ついてしまう」ほどの「頼りな」さです。なるほどあの傷つきやすさか――と大いに納得させられるわけです。感受性という不確かなものを、直喩で見事に具象化した作品です。

デリケートさを表す直喩に「無垢な少女のような」「ガラス細工のような」といった言葉がありますが、これらは直喩とはいえ慣用的な表現です。一味違った表現を見つけるには、人生経験や語彙力が必要となってきます。また発想力や頭の柔らかさも重要です。書籍など多くの文章を読んで表現を磨くのもいいと思います。ものをじっくり観察することも大切です。毎日の生活の中で気になったことを直喩で表してみるとトレーニングになるでしょう。

コツは共通点や類似点を見つけることです。類似点には「目に見える特徴」「目に見えない特徴」があります。文脈によりどこが似ているのか分かる場合もありますが、説明が必要なこともあります。

外見の類似

≫**彼は大仏様のような顔をしている。**

内面や行動などの類似

≫**彼はまるで大仏様のように、一度座ったら動かない。**

≫**いつも堂々としている彼は、まるで大仏様だ。**

外見、動作、状態、性格など似ている点はさまざまです。書きたい文章の雰囲気やテーマに合った表現をしていきたいものです。

文例

山川方夫「一人ぼっちのプレゼント」より

未来が途方もなく厚い重い灰色の壁のようにしか感じられないのに、しかし、たってみると**時の流れは一つの欠落のように素早かった。**

たしかに、あっという間に街にはクリスマスがきていた。

小野佐世男「ジャズ狂時代」より

アア世は**まるで熱病か台風のように、日本全土は猛烈な勢いでジャズ熱に浮かされている**のである。救われざるジャズの群の一人ポッポちゃんも、ここに早や百度程度の高熱患者である。

「サア、おじさん早く行こう、レッスンしに」「レッスン？」

「ポッポにとっては国際劇場は教室よ」
アアわれここに至りては負けたり、**歩くのにもジャズの如く踊りの如く、人の流れにおし流されて行った**のである。

大手拓次「蛇の花嫁――遠く思はるる日」より

汝がすがた　とほくして
空にうつれる葉のごとく
さびしさは　わが胸に波をうがてり

新美南吉「明日」より

花園みたいにまつてゐる。
祭みたいにまつてゐる。
明日がみんなをまつてゐる。

芥川龍之介「侏儒の言葉」より

軍人は小児に近いものである。

芥川龍之介「侏儒の言葉」より

正義は武器に似たものである。

花田清輝「七」より

しかし彼等は読む。それは彼等のいわゆるオーソリチイの批評を、少しちがった言葉で述べるためにである。そうして、それはこの国の学者達の意見として、**貨幣のように通用し、また尊重されるのであろう。**

隠喩——なぞらえて断定する

隠喩は直喩と並んで代表的なレトリックです。直喩は「まるで——のように」が比喩の記号的役割を果たしていましたが、これがないものを隠喩と呼びます。「今週は地獄のようだ」は直喩、「今週は地獄だ」が隠喩です。同じようですが、効果は同じではありません。比較してみましょう。

直喩

》息子は蛙のように泳ぎが得意だ。

》泳ぎが得意な息子はまるで蛙だ。

》水に潜った息子は、まるで蛙のようだ。

隠喩

》1 水の中で息子は蛙へと姿を変える。

》2 息子は泳ぎの得意な蛙だ。

》3 蛙はどんどん先へと泳いでいく。

直喩では「まるで――ように」を使わず、対象そのものであると断定します。息子は本当に蛙に変身するわけではないのに「蛙になる」と言い切ります。直喩のときに感じられた両者の距離がなくなり、完全に同化するのです。「～のようだ」は対象を冷静に見ていて説明的ですが、隠喩は「それそのものである」という視点に立ちます。比喩記号がつかない分、直喩より詩的かつ知的な表現と言えるでしょう。

隠喩の例文１２は、譬えるもの「息子」と譬えられるもの「蛙」の両方の語を使っています。３は「息子」をなくし、「蛙」だけを残しました。譬えるものと譬えられるものを並べるより、３のように譬えるものだけを残す方がより隠喩らしい断定となります。

直喩と同様に、隠喩も伝えづらい状態や感動を他のものに見立てる技法です。伝えづらい原因は、譬えるものの形があいまいだったり、目に見えなかったり、状態が一定でなかったりなどが考えられます。「人生は旅だ」「結婚は墓場だ」――こういった慣用表現に隠喩の効果や説得力を感じるのではないでしょうか。

隠喩を使った慣用表現や名称はたくさんあります。大根おろしをみぞれに見立てた「みぞれ鍋」。山芋と卵黄で作った「月見うどん」。実際よりも立派であるように見せかける「背伸びした発言」。思ったことをそのままずけずけと口にする「歯に衣着せぬ」物言い。苦労が多い「いばらの道」。すぐに反応が返ってくる「打てば響く」人。大切な人から裏切られ「煮え湯を飲まされる」。博識な人物は「生き字引」。私たちは意識することなく隠喩を使っています。隠喩は思考そのものなのです。隠喩なしの思考や伝達は不可能とも言えます。逆に言えば、人生や思考が深まるほど、生み出す隠喩も深くなってくることでしょう。

では、文学作品ではどのような隠喩が創作されているでしょうか。

ニイチェの深さは地獄に達し、ニイチェの高さは天に届く。いかなる人の自負心をもつてしても、十九世紀以来の地上で、ニイチェと競争することは絶望である。

萩原朔太郎「ニイチェに就いての雑感」より

萩原朔太郎が哲学者ニーチェについて論じています。「地獄に達」するほど深く、「天に届く」ほど高い思想。ニーチェとの競争は「絶望」である——朔太郎は隠喩を重ねてニーチェの深遠さを語っています。下は地獄、上は天ですから、神々や悪魔も含めた全世界ということでしょう。

地面を掘り、石でたたんだ、ぶきような手製の釜戸から、活き活きと火の舌が伸び、煙がゆるやかに、樹立のさし交わす枝葉の中へと、揺れながら昇ってゆく。

山本周五郎「山彦乙女」より

山本周五郎は火の先端がちろちろと伸びていく様子を「火の舌」と表現しています。直喩ならば「まるで舌のような火」などの書き方となるでしょう。

因縁とでもいうのであるか、一旦離れた芥川君と私との機縁は、不思議にも、期せずして自ら繋がって来た。それは彼が新宿の牧場の住宅から、一高の何年かに通学時代だった。その時私は、なよなよとひょろ長い若竹の彼を、十何年振りかに見出した。

室賀文武「それからそれ」より

芥川龍之介死去の際に書かれた室賀文武の追悼文です。背が高く、痩(や)せた身体の芥川を「なよなよとひょろ長い若竹」と表現しています。

私は、映画を、ばかにしているのかも知れない。芸術だとは思っていない。おしるこだと思っている。けれども人は、芸術よりも、おしるこに感謝したい時がある。

太宰治「弱者の糧」より

太宰治が映画について書いた随筆です。太宰はこの随筆で、映画は心の慰めになると述べています。彼にとって映画は芸術ではなく、心を癒す甘い「おしるこ」だったのです。

浅草独得（ではないが、そんな気がする）の牛めし、またの名をカメチャブという。屋台でも売っていたが、泉屋のが一番高級で、うまかった。高級といっても、普通が五銭、大丼が十銭、牛のモツを、やたらに、からく煮込んだのを、かけた丼で、熱いのを、フウフウいいながら、かきこむ時は、小さい天国だった。

古川緑波「浅草を食べる」より

古川緑波による食べ物の随筆です。熱い牛めしをフウフウとかきこむ時は「小さい天国」だったと、そのおいしさを述べています。

文例

川端康成『雪国』より

国境のトンネルを抜けると雪国であった。**夜の底が白くなった。**

浜尾四郎「悪魔の弟子」より

土田さん。一言でいいます。あなたはこの世に於て、最も危険な人間です。**あなたは悪魔です。**人の肉を食っただけではあきたらず、其の魂までも地獄に堕さねばやまぬ恐ろしい悪魔です。

（中略）

あなたはよく云いました。

「人生は薔薇を以てまきちらされた道ではない。戦いだ、戦わねばならぬ」と。

木下杢太郎『百花譜百選――海棠（かいどう）』より

是れは庭の花ではない。瓶に購（あがな）はれた仲春である。

織田作之助「髪」より

鏡の中の私の顔はまさにピコアゾーである。自分でも自分が何歳であるか疑わしくなって来るくらい、私の顔は老けている。

芥川龍之介「侏儒の言葉」より

畢竟鷗外先生は軍服に剣を下げた希臘（ギリシア）人である。

芥川龍之介「侏儒の言葉」より

道徳は常に古着である。

ニーチェ（氷山英廣訳）『ツァラトゥストラはこう言った』より

夜はきた。すべてのほとばしる泉はいまその声を高めて語る。**わたしの魂もまた、ほとばしる泉である。**

夜はきた。すべての愛する者の歌はいまようやく目ざめる。**わたしの魂もまた愛する者の歌である。**

ニーチェ（阿部六郎訳）「私の怜悧である譯」より／傍点出典元ママ

——何故私はいくらか人よりものが分かつているか？　何故私は一般にこのように怜悧なのか？　私は凡そ問題でないような問題については嘗つて考えたこと

諷喩――隠喩の連続で語り続ける

一貫した隠喩の視点で書かれた文章を諷喩といいます。隠喩で長い文章が綴られるため喩えだと気付きにくいこともありますが、文章を広く見渡すと本質が見えます。寓話や譬え話などがよい例です。「ウサギとカメ」は動物の競争を譬えにして、コツコツと頑張る者が最後に勝つと説かれています。

子どもはこの物語を動物のかけっこの話として捉えますが、大人は人間になぞらえて考えます。カメが休まずに歩き続ける様子には、仕事にひたむきな人間の姿を重ね合わせます。遠くに見えているゴールは、いつかつかめるはずの大きな夢。自分より優秀な者を抜き、先にゴールにたどりつく――。諷喩には実際に表現されている文章とは別の意味がこめられているのです。

寓話のように物語性をもって展開された諷喩は寓喩とも呼ばれます。譬え話を使うと理解しやすく、教訓とともにその物語も記憶に残りやすくなります。「アリとキリギリス」「犬と肉」「王様の耳はロバの耳」「北風と太陽」など、多くのイソップ童話は教訓を内包した寓喩の形をとっています。

「犬兎の争い」「井の中の蛙大海を知らず」など、諷喩が使われたことわざもたくさんあります。動物のエピソードを使い、人生や物事の真理が表現されているのです。

諷喩を使った有名な文学といえば、鴨長明の『方丈記』です。

行く川の流れは絶えずして、しかも本の水にあらず。よどみに浮ぶうたかたは、かつ消えかつ結びて久しくとゞまることなし。世の中にある人とすみかと、またかくの如し。

鴨長明『方丈記』より

(現代語訳：著者）河の流れは絶えることがなく、もとの水は常に移り変わっている。よどみに浮かぶ泡は消えては生まれ消えては生まれ、とどまっていることはない。世の中にある人の運命や家もこれと同じことである。

人生を河の流れになぞらえた諷喩です。河の流れについて語ったあとに「人の運命や家もこれと同じことである」と続け、譬え話だったことを明かしています。

> 人生は一箱のマッチに似ている。重大に扱うのは莫迦莫迦しい。重大に扱わなければ危険である。
>
> 芥川龍之介「侏儒の言葉」より

このような書き方もあります。「似ている」というのは比喩を表す記号的な言葉ですので、冒頭は直喩だと考えていいでしょう。人生はマッチ箱のようだと結論を述べてからマッチの特徴を語ることで、人生論を展開しています。

> 人生は落丁の多い書物に似ている。一部を成すとは称し難い。しかし兎に角一部を成している。
>
> 芥川龍之介「侏儒の言葉」より

これも先の例と同様の構成です。人生と書物が似ていると述べ、そのあとで書物になぞらえた人生観を説いています。

最後に諷喩を書くコツです。例えば「人生は戦いだ」をテーマに諷喩を書くならば、人生と戦いとの共通点を述べていきます。この世に生まれ落ちたこと、友達を作ること、受験に合格すること。結婚、就職、昇進。時折休憩したり、惨敗したり。人生は簡潔に表現しづらいことなので、比喩に適したテーマだといえます。共通点や類似点を挙げて、イソップ童話がごとく読者が諷喩を読みとれるように書きましょう。

文例

ラ・ロシュフコー（二宮フサ訳）「人間と動物の類似について」より

犬に類する人間もなんと多いことだろう！　彼らは自分の種を滅亡させる。自分の飼い主の快楽のために狩りをする。ある者は常に主人の後に従い、ある者は主人の家の番をする。獣猟犬のように勇敢さによって生き、戦いを天職とし、その心に高貴さを持つ者もいる。狂暴さのほかに取り柄のないしぶとい番犬もいる。ろくろく役に立たず、むやみに吠え、時に噛みつく犬もいるし、庭師の犬さえいる。

谷崎潤一郎「痴人の愛」より／傍点出典元ママ

たとえばナオミと云うものは非常に強い酒であって、あまりその酒を飲み過ぎると体に毒だと知りながら、毎日々々、その芳醇な香気を嗅がされ、なみなみと盛った杯を見せられては、矢張私は飲まずにはいられない。飲むに随って次第に酒毒が体の節々へ及ぼして来て、ひだるく、ものうく、後頭部が鉛のようにどんより重く、ふいと立ち上ると眩暈がしそうで、仰向けさまにうしろへ打（ぶ）っ倒れそうになる。そしていつでも二日酔いのような心地で、胃が悪く、記憶力が衰え、すべての事に興味がなくなり、病人か何ぞのように元気がない。頭のなかには奇妙なナオミの幻ばかりが浮かんで来て、それが時々**おくび**のように胸をむかつかせ、彼女の臭いや、汗や、脂が、始終**むう**ッと鼻についている。で、「見れば眼の毒」のナオミが居なくなったことは、入梅の空が一時に**から**ッと晴れたような工合でした。

倉橋由美子『聖少女』より

ゆうべ、ぼくの目のまえには一瞬にしてできあがった小説が全長四十メートルもあるディノザウルスの図体をしてころがっていた、とみえたのは幻で、よくみると、肉は腐りおちてがらんどうの骨骼(こっかく)ばかり。いやそれさえもあくびの息のひと吹きで吹きはらわれて形をとどめない。手に握りしめているのは一片の鱗にすぎなかった。これに魔法をかけてふたたびあの全体をつくり出すにはどうしたらいいか、(後略)

宮本百合子「文学の流れ」より

日常生活の緊張から云っても、複雑さから云っても、刺戟のつよさから云っても、人々は文学にこれまでより肺活量の多いものを、生活力の旺(さかん)なものを要求する心理にある。一口に云って、従来の作品より規模の大きな、感情に於ても局面においても人生のより深いところに触れた、度胸の坐った作品が求められているのである。

換喩――隣接したもので表す

隠喩と直喩は似たものになぞらえる比喩らしい比喩でしたが、換喩は少しルールが違います。表現したいものと隣接関係にある事柄を使って表現するのです。換喩の説明でよく例に出されるのが「芥川を読む」といった表現です。芥川龍之介は人物であり、読むものではありません。芥川の心を読み取るという意味でもありません。芥川の作品を読むことを「芥川を読む」と表現するわけです。作者と作品は隣接関係、隣り合った関係性です。作者を明示することで、その作品を読んでいると伝えられるのです。

同様に「夕食はどんぶりだった」と言っても、どんぶりそのものを食べたわけではありません。食べたのは中に入っている料理です。「どんぶり」とその「料理」は隣接関係なので「どんぶりを食べた」と言えばどんぶりに入った料理を食べたことになるのです。「ダリを見に行く」と言えばダリの作品を見に行くということですし、「バーバリーを着る」と言えばいえばバーバリーブランドの服を着るということです。同じ世界の中で結びついているものに言い換えるのです。

実は、換喩は種類も使い方も複雑で、現在においても明確な定義づけは難しいとされる技法です。ここで簡潔にまとめることは困難ですが、例として「所属する世界」「部分と全体の関係」「容れるものと容れられるもの」「シンボルと意味」「土地との結びつき」などの概念が定義として挙げられます。

≫**所属する世界……「クラシックを聴く」「マックを食べる」**
≫**部分と全体の関係……「赤ずきんちゃん」「電話をとる」**
≫**容れるものと容れられるもの……「鍋を食べる」「昨夜は5缶飲んだ」**
≫**シンボルと意味……「キツネうどん」「敷居をまたぐ」**
≫**土地との結びつき……「永田町」で国政「西陣」で西陣織**

これらが文学作品ではどのように使われているか、いくつかの例を見てみましょう。

「ナオ、見るんだよ。起きて、ちゃんと目を開けろ」
「どこなの?」
「ミドリクだ」

絶望的な名前ではないか。チャオはいつも地名で自分の居場所を現す。私の部屋にいることをメグロにいるといい、妻子の元へ行く場合にはこう言った。今週末はミドリクにいる、と。

谷村志穂『ナチュラル』より

チャオが「メグロ」「ミドリク」と地名で自分の居場所を知らせるというエピソードが書かれています。これは土地との結びつきを使った換喩です。

里帰りのとき「実家に帰る」と言わず「北海道に行く」と言ったり、飲みに行くときに「ハーモニカ横町へ行く」などと言ったり。こういった表現も、地名と目的が結びついている例です。

芸術家の創造能力などヽいうものは箱庭のようなものだ、と私がシミジミ嘆いたのは当然だ。巷談師安吾の想像力がタカの知れたものであるのは当然らしいが、ダ・ヴィンチにしたところで、けっしてアロハほど唐突なイマジネーションをめぐらしてはいないのである。原子バクダンでもチャンと筋は通っている。アロハの出現に至っては筋はない。アトリエや研究室のハゲ頭どもは、一撃のもとに脳天をやられ、毛脛をやられ、みんな、おそれ入りましたと言った。

坂口安吾「安吾巷談　田園ハレム」より

戦後のアロハの流行は知識人や文化人も予想すらしていなかったため、その衝撃に「アトリエや研究室のハゲ頭どもは」おそれ入ったと述べられています。この語は芸術家と研究者を指します。彼らの職域を使った換喩です。

換喩の例として挙げられる有名なものに、夏目漱石『坊ちゃん』の登場人物「赤シャツ」があります。彼が赤いシャツを着ているためにつけられたあだ名です。トレードマークともいうべき赤いシャツが、彼そのものを表しています。部分が全体を表しているのです。もし仮に、赤い衣装という共通点で「金太郎」と名づけられたとしたら、換喩ではなく類似性による隠喩となります。

「赤シャツ」のように部分が全体を表す換喩は、日常的な文章に取り入れやすい技法です。対象を象徴する「部分」を使うのです。

≫青い傘と赤い傘は並んで通りを進んでいった。
「青い傘と赤い傘をさした人」が通りを歩いて行った様子。

≫年齢制限を設けていなかったのに、集まったのは白髪頭ばかりだった。

高齢者の特徴の一部分である「白髪頭」を抽出して表現。

≫「で、結局のところはさ……」と、結局クンは話を続けた。

口癖に注目し、あだ名のように呼ぶ。

観察したり思い出したりしながら、色、形、口癖、外見、持ち物などその対象の代名詞になりそうな「部分」を見つける作業です。あだ名と似ていますが少し違います。あだ名として定着したものは単に名前として機能するだけで、文章上で換喩としての役割を果たすわけではありません。命名時の動機やエピソードが感じられるとき、文彩として働くのです。

通勤、通学時に見かける人、クラスや職場での個性的な人、なにか大きい事件やエピソードを残した人。口には出さずとも、誰しも心の中であだ名をつけた相手がいることでしょう。その名をつけずにはいられないくらい、その人が印象的だったのだと思います。換喩を書く時も同じです。他の部分より目を引く箇所、印象的な部分を探すことがひとつのコツです。人物に限らず、道具や土地、あらゆる事物を表現するときも同様です。

文例

芥川龍之介「羅生門」より

ある日の暮方の事である。一人の下人が、羅生門の下で雨やみを待っていた。

広い門の下には、この男のほかに誰もいない。ただ、所々丹塗（にぬり）の剥げた、大きな円柱（まるばしら）に、蟋蟀（きりぎりす）が一匹とまっている。羅生門が、朱雀大路（すざくおおじ）にある以上は、この男のほかにも、**雨やみをする市女笠（いちめがさ）や揉烏帽子（もみえぼし）**が、もう二三人はありそうなものである。それが、この男のほかには誰もいない。

太宰治「道化の華」より

正午ちかく、警察のひとが二人、葉藏を見舞つた。眞野は席をはづした。

ふたりとも、脊廣を着た紳士であつた。ひとりは短い口髭を生やし、ひとりは鐵縁の眼鏡を掛けてゐた。**鬚は、聲をひくくして園とのいきさつを尋ねた。**葉藏は、ありのままを答へた。鬚は、小さい手帖へそれを書きとるのであつた。ひととほりの訊問をすませてから、**鬚は、ベツドへのしかかるやうにして言つた。**
「女は死んだよ。君には死ぬ氣があつたのかね。」

提喩——大分類か小分類か

換喩は隣接したもので表現する技法ですが、提喩は分類とそこに属する種で表します。提喩は換喩の一種に分類されることもあり、区別が難しい例もあるのですが、本書の目的はその論を展開することではありません。

提喩は一般的に上位概念と下位概念の関係にあるもの、分類（グループ）と種（メンバー）の関係にあるものと考えれば良いでしょう。分類で種を指したり、種で分類を指したりするのです。例えば、春に桜を鑑賞することを「花見」といいます。花はひまわり、あじさい、チューリップなど種類はいくらでもありますが、それらを見ることを花見とは言わず桜の鑑賞のみに用いられます。

食事の種類には和食・洋食・中華などがあり、それぞれのジャンルにそれぞれのメニューがありますが「和食を食べに行った」「昨夜は中華を食べた」などと表現します。もっと大きな分類で「ご飯を食べる」とも言いますが、「ご飯」とは飯粒だけを指すのではありません。それがどの分類に属するのか。提喩は上下の概念、大分類と小分類、グループとメンバーの関係で成り立っています。

聖書の「人はパンのみにて生くるものにあらず」という一文にある「パン」は、食べるパンだけを指すのではありません。人間が生きていくうえで必要となってくる物質的なもの、衣食住すべてを指しています。それらの中で最も重要なものは、生命を維持するために必要な食べ物です。中でも主食となる「パン」で生活に必要なものをひとくくりに表現しているのです。

大分類		小分類
パン	⎨	食物 衣服 住居

「飲む」という表現があります。シチュエーションによって違う意味になることは言うまでもありませんが、一般的に大人が「飲めますか?」と質問したら「アルコールを飲めま

すか?」と聞いていることになります。そこで「何をですか?」などと答える人はまずいないでしょう。「毎晩飲み歩く」と言えば、アルコールに限定されています。アルコールであればその種類は問いません。ビールでも日本酒でも焼酎でもウィスキーでも「飲む」に当てはまります。これは、グループ名でそこに属するメンバーをひとくくりにした提喩です。

アルコールつながりでもうひとつ。今は「酒」といえばアルコール飲料全般を指しますが、昔はピンポイントで「日本酒」を意味しました。グループ名がメンバーを指す提喩です。時代が変われば提喩も変わります。

近年生まれた言葉に「歩きスマホ」があります。歩行中のスマートフォン操作のことで、周囲に迷惑がかかるため問題視されている行為です。この名称の「歩き」という言葉に注目してみましょう。歩きスマホとは、歩いていなければいいということでしょうか。歩行者が行き交う歩道の真ん中で立ち止まって操作しても危険ですし、他の歩行者の迷惑であることは言うまでもありません。歩きも停止もダメだからと言って、走るのが許されるわけでもありません。そう考えるとこの場合の「歩き」は歩行のみを指すのではなく、歩行・走行・停止といった動作をひとくくりにした提喩表現だと言えそうです。

大分類	小分類
歩き	歩行 走行 停止

このような慣用的な提喩は、私たちの生活に深く浸透しています。改めて考えてみたときに、初めてそこに含まれている意味に気づきます。普段は考える必要がないほど「その語」と「意味」が直結し、名詞的役割を果たしているのです。

では、文学の世界ではどのように提喩を用いているか見てみましょう。

私は自分の部屋に帰った。なにか、ひどくいやな、吐きたいような気分だった。私は、人間というものの奇怪さ、不気味さ、陰惨さを感じていたのかもしれない。でも、胸が悪くなるような嫌悪感といっしょに、私は人間のその途方もなさ、突拍子のなさが急に滑稽に思えてきて、笑いだした。

山川方夫「愛のごとく」より

下宿をしていた「私」はある日、他の部屋を間借りしていた夫婦の性交渉を目撃してしまいます。引用部はその後の「私」の心情です。「ひどくいやな」「吐きたいような」「人間というものの奇怪さ」「不気味さ」「陰惨さ」「嫌悪感」「途方もなさ」「突拍子のなさ」など、言い表しがたい複雑な心境をこれでもかと並べ立てて説明しています。

様々な心情を並べていますが、ひとつピックアップしてみましょう。「人間というものの奇怪さ」とはなんでしょうか。その時の心の動き、肉体の動き、空気感など、さまざまな要素（メンバー）がひそんでいるように感じられます。表現しづらい心情を「奇怪さ」という漠然とした言葉でグループ化しているのです。

具体的に書かないからこそイメージが膨らみ、読者の脳裏には具体性をもって描かれるのです。

提喩は婉曲法（123ページ）の「ぼかし」でもあります。ぼかすことで生まれる文章の余情。提喩の面白さはこういったところにあるのかもしれません。

文例

慣用表現

「白いものが舞う」

ポイント 雪をぼかした表現。雪は「種」、白いものは「分類」にあたる。

「弁慶」

ポイント 強い者。武蔵坊弁慶が怪力無双であったと言われることから、強い者を弁慶と表現するようになった。弁慶が「種」、強い者が「分類」にあたる。内弁慶、ネット弁慶などの言葉も生まれている。

「小町」

ポイント 美人。小野小町が美人であったと言われることから、美しい女性を小町と表現するようになった。小町が「種」、美人が「分類」にあたる。○○小町といったふうに土地名などを入れることがある。

キャッチコピー

「お正月を写そう」

ポイント 富士フィルムのキャッチコピー。正月は「年始めのこと」でありそれ自体は写せるものではない。正月の行事に関わるもろもろ（種）を「お正月」（分類）とぼかして表現している。

練習しよう！

直喩、隠喩、諷喩、換喩、提喩を使って写真の風景を表現してみましょう。一輪の花だけに焦点を合わせてもいいですし、風景全体をとらえても構いません。曲線、光、目に見えない静寂等、多くの情報が感じられることと思います。自由な発想でたくさんの表現を見つけてください。

2章

極端な表現でユーモアを交える

誇張法——出来事や感情を大げさに

けた外れに面白かったり、口惜しかったり、美しかったり、大きかったり——予想を超える状態、強い思いなどを伝えるときに使われるのが誇張法です。大きい出来事や強い感情を大げさに表現した経験は誰しもあることでしょう。誇張法は話を面白くするためのサービス精神のようなものです。

例えば、何度も何度も聞かされることを「耳にタコができる」と言います。

誇張法なし

»「何度も聞かされる」

誇張法あり

»「耳にタコができるほど聞かされる」

タコは摩擦や圧迫を繰り返した結果、皮膚が厚くなる現象のことです。ペンダコや座りダコならぬ、耳ダコです。音や声でタコはできませんが、そんなことが起きそうなほど聞かされたのです。「何度も聞かされる」とするよりも「耳にタコができる」としたほうが、うんざりするほど聞かされたことが分かります。体に変化が起きるほどなのですから、大変な回数でしょう。

どんな苦労もいとわないという意味の「たとえ火の中水の底（火の中水の中とも）」という慣用句があります。「夢をかなえるためなら、たとえ火の中水の底、どこまでも突き進む」といったふうに使いますが、実際に火の中に飛び込んだり水の底に沈んだりしたら夢をかなえる前に死んでしまうわけで、元も子もありません。実際にするわけではないけれど、そのくらいの覚悟はあるという思いを込めた誇張です。

誇張法なし

》「夢を実現させるために苦難を耐える」

誇張法あり

》「夢をかなえるためなら、たとえ火の中水の底、どこまでも突き進む」

同様に「雨が降ろうが槍が降ろうが必ず出かける」もそうです。雨はともかく槍が降っていては外に出られませんから、身を隠しているほかありません。うっかり出発してしまったら、たどり着く先は目的地ではなくあの世になってしまいます。ですからこれも本気でそう思っているわけではなく、誇張法を使った慣用句だとわかります。もし仮に槍が降っていたとしても決行してやるという強い決意を表現しているのです。誇張なしに「なにがあっても必ず出かける」とすると、断固たる決意が見えてきません。

誇張法なし

≫「なにがあっても必ず出かける」

誇張法あり

≫「雨が降ろうが槍が降ろうが必ず出かける」

耳にタコができたり、火の中に飛び込んでみたり、槍の中に飛び出して行ったりなど、冷静に考えると「そんなことあるわけないでしょ」と突っ込みたくなるような状況が書かれていることが誇張法の特徴です。

誇張法は過大表現だけでなく「猫の額」や「雀の涙」など矮小な表現もあります。わずかであることを大げさに表した慣用句です。あり得ないほどの矮小さでユーモラスに語るのです。

例に挙げたように、誇張法は諺や慣用句にも多くみられ、普段意識せずに使っていることも多いはずです。「足が棒になる」「目が点になる」「頬が落ちる」「鼻が曲がる」「一日千秋」「一心同体」「金の草鞋で尋ねる」など、辞典をめくり始めたら「星の数ほど見つかる」ことでしょう。

文学作品から例を見てみましょう。結核を患い頚椎を侵され、死を目前にした正岡子規が綴った随筆です。

足あり、仁王の足の如し。足あり、他人の足の如し。足あり、大磐石の如し。僅かに指頭を以てこの脚頭に触るれば天地震動、草木号叫（後略）

正岡子規「病牀六尺」より

病により浮腫んだ足を「仁王の足のごとし」「他人の足のごとし」「大盤石の如し」と直喩（14ページ）の誇張で表現したあと、その足に指先で触れたなら「天地振動、草木号叫」が起こるであろうと更に誇張法を続けています。その激しい痛みは、大地震を引き起こし、草木が大声で泣き叫ぶほどだというのです。

誇張法がなければ「足がひどく痛む」といった程度の表現になってしまい、痛みの程度も分かりませんし、インパクトもありません。子規の文は鮮明に記憶に残り、胸に迫ります。地獄のような闘病生活、迫りくる死期。そんな中でもユーモアとサービス精神を保ち続けた彼の精神力と筆力には感服させられます。

文例

慣用表現・ことわざ

「爪に火を点す」
「怒髪天を衝く」
「死ぬほど笑う」
「虫も殺さないような顔」
「肩を怒らす」
「白髪三千丈」
「ノミの心臓」

文学作品

「枝豆ヤ三寸飛ンデロニ入ル」　正岡子規
「痰一斗糸瓜(へちま)の水も間にあはず」　正岡子規

佐藤惣之助「夏と魚」より

夏になるとその生活の半分を魚釣りで暮す故か、私にとつて夏ほど魚を愛し、魚に親しむ時はない。極端にいふと**暑い夏百日は魚になつて暮らしたいほど**である。

彼はカツレツを切りきざんでいた。平気に、平気に、と心掛ければ心掛けるほど、おのれの動作がへまになった。完璧の印象、傑作の眩惑。これが痛かった。声たてて笑おうか。ああ。顔を伏せたままの、**そのときの十分間で、彼は十年も年老いた。**

太宰治「猿面冠者」より

極言（きょくげん）――端的で辛辣な表現が読者を刺激する

前節の「誇張法」をさらに大袈裟に且つ極端にしたものを「極言」といいます。例えば「全ての人間はゴミだ」といったような大胆な表現です。極言で言い切ったあとその拠り所となる論を述べたり、またはその逆に、考えの道筋を書いてから極言で結論付けたりするのが一般的です。

≫「全ての人間はゴミだ。人間はどのような聖人君子であっても朝から晩までゴミを出す。起きている限りゴミを作る。ゴミを出さない衣食住など不可能だ。ゴミを作り出すのだから人間はゴミ製造機だ、いや、ゴミを生み出すのだから、人間それ自体がゴミだと言ってもいいのではないか。」

極言　　　　論拠

極言の特徴は、微妙なニュアンスを捨てて言い切ることです。端的で辛辣ですが、そばに論拠を置くことで読み手を納得へと導くのです。極言は、読者の好奇心を掻き立てて続きを読ませる力があります。人間がゴミだなんてどういうこと？　と、続きを読みたくなりませんか。力強く大袈裟な言葉で読者を惹きつけるのです。極端な表現のため、人を魅了する半面、反感も買いやすくなるかもしれません。

二〇二〇年六月の東洋経済オンラインに掲載された記事「コロナが暴いた『この人は無理』という人間性」に見られた極言を紹介します。

コロナ禍によって暴かれたのは、よくも悪くもそれまでの所属組織や人間関係の真価だった。例えば悪いかもしれないが、大規模かつ長期的な心理テストの被験者にされたかのように、職場や家族などのメンバーが特定のストレスでどのように振る舞うかが試されたのである。

いわばコロナ禍は「人間性を判定するリトマス試験紙」であったのだ。コロナ以前であればごまかすことができていた「不都合な真実」が次々と露見し、経営者や上司、パートナーや友人たちの化けの皮が次々と剝がれていった。

真鍋厚「コロナが暴いた『この人は無理』という人間性」より

件の感染症を「人間性を判定するリトマス試験紙」と表現しているのは直喩の極言だと言えるでしょう。その論拠を〝感染症が人々のかぶっていた仮面をはぎとって本性を露見させたからだ〟と極言の前後にわたって述べています。

思い切ったことを言いたいときに「極言すれば」と前置きする人もいます。「俺に言わせれば」「極端な話」「誤解を恐れずに言うと」なども同様です。これは極言だからね、と前もって断っておくわけです。この記事では「例えば悪いかもしれないが」がそれにあたるでしょう。

中谷宇吉郎の作品を例に見てみましょう。塩の味、質、位置づけなどについて書かれた随筆です。

とくに英国がひどくかわっているので、昔からの英国料理には、少し極端にいえば、料理法がただひとつしかないといっていいくらいである。それは肉でも野菜でも、ぜんぜん味付をしないで、そのまま天火でむしただけの料理である。英国には料理はただひとつしかない、それはロートスビーフであると、よくいわれるが、あのロートスビーフが、まさに英国料理の代表なのである。

中谷宇吉郎「塩の風趣」より

当然イギリスにも色々な料理はありますので「英国には料理はただひとつしかない」というのは極言です。中谷自身が「少し極端にいえば」と前置きもしています。似た内容に、イギリスのドラマ「名探偵ポワロ」のセリフがあります。

「イギリスには料理はない。あるのは食べ物だけ」
「ひどい言われようだ」

「肉は焼きすぎ、野菜はゆで過ぎ、チーズは論外。イギリス人がワインを作ったら私はベルギーに帰りますよ」

テレビドラマ「名探偵ポワロ」より

探偵ポワロはイギリスに亡命したベルギー人です。「イギリスには料理はない。あるのは食べ物だけ」というポワロの極言に、イギリス人の助手は「ひどい言われようだ」と抗議します。そこでポワロは「肉は焼きすぎ、野菜は〜」と論拠を明かします。

芥川龍之介は随筆「侏儒の言葉」において、極言を使った警句を多く残しました。「正義」の段を紹介します。

正義は武器に似たものである。武器は金を出しさえすれば、敵にも味方にも買われるであろう。正義も理窟をつけさえすれば、敵にも味方にも買われるものである。古来「正義の敵」と云う名は砲弾のように投げかわされた。しかし修辞につりこまれなければ、どちらがほんとうの「正義の敵」だか、滅多に判然したためしはない。

芥川龍之介「侏儒の言葉」より

まず「正義は武器に似たものである」と隠喩の極言で言い切っています。読者はその言葉の裏にある真意を確かめたくなるはずです。そして、先を読み進めてしまうのです。敵も味方も自分の正義で戦っているのであり、どちらが正義なのかわからない。正義の反対は別の正義、ということなのでしょう。この論に納得か不服かはさておき、極言部分が強く印象に残ることは間違いありません。

論拠を書かずに極言だけで終わることもあります。先に紹介しました、芥川の「侏儒の言葉」にも、極言のみの一文が見られます。

「一国民の九割強は一生良心を持たぬものである。」
「良心とは厳粛なる趣味である。」
「危険思想とは常識を実行に移そうとする思想である。」

芥川龍之介「侏儒の言葉」より

強烈な印象で人の記憶に刻まれるため、極言は名言や格言にうってつけです。単に大げさにするだけではなく、嫌味や皮肉を込めて辛辣にすることがコツです。何かを批判するときに用いてみるのもいいでしょう。

文例

文学作品

太宰治「風の便り」より

さらに極言すれば、**小説も芸術でありません。**

芥川龍之介「侏儒の言葉」より

人生は地獄よりも地獄的である。地獄の与える苦しみは一定の法則を破ったことはない。たとえば餓鬼道の苦しみは目前の飯を食おうとすれば飯の上に火の燃えるたぐいである。しかし人生の与える苦しみは不幸にもそれほど単純ではない。目前の飯を食おうとすれば、火の燃えることもあると同時に、又存外楽楽と食い得ることもあるのである。のみならず楽楽と食い得た後さえ、腸加太児（ちょうカタル）の起ることもあると同時に、又存外楽楽と消化し得ることもあるのである。

強者とは敵を恐れぬ代りに友人を恐れるものである。一撃に敵を打ち倒すことには何の痛痒も感じない代りに、知らず識らず友人を傷つけることには児女に似た恐怖を感ずるものである。

弱者とは友人を恐れぬ代りに、敵を恐れるものである。この故に又至る処に架空の敵ばかり発見するものである。

軍人は小児に近いものである。英雄らしい身振を喜んだり、所謂光栄を好んだりするのは今更此処に云う必要はない。機械的訓練を貴んだり、動物的勇気を重んじたりするのも小学校にのみ見得る現象である。殺戮を何とも思わぬなどは一層小児と選ぶところはない。殊に小児と似ているのは喇叭や軍歌に皷舞されれば、何の為に戦うかも問わず、欣然と敵に当ることである。

世界のことわざ・名言

「学問のあるバカは、無知なバカよりバカだ」　モリエール

「ナショナリズムは子供の病気である。それは人類のはしかだ」　アインシュタイン

「本なき家は主なき家のごとし」　キケロ

「教会に近づくほど神から遠ざかる」　ドイツのことわざ

「結婚へは、歩け。離婚へは、走れ」　ユダヤの格言

「ブランデーは悪い使者である。胃に向けて送り出したのに、間違えて頭の方に行ってしまう」　ユダヤの格言

相対論法――比較で隠蔽や強調を狙う

他と比べることにより、程度を誤魔化したり強調したりするのが相対論法です。例えば、汚れた部屋について述べることとしましょう。

相対論法なし

≫**その部屋はとても臭かった。**

》その部屋の匂いと比べたら、ごみ集積場などはどれだけ良い香りか分からない。

匂いは匂いで比べるなど、同じものを相対させると、その程度が伝わりやすいでしょう。臭いことを強調するには、臭いイメージのものをぶつけるのです。ここでは臭さを伝えるために「ごみ集積場」と比べました。もちろん匂いなどしない綺麗なごみ集積場もありますが、ここは一般的なイメージということでご容赦ください。

「ごみ集積場のように臭かった」とすると、直喩（14ページ）となり、「彼の部屋はごみ集積場だ」とすれば隠喩（22ページ）ですが、相対論法にするとさらに状態の悪さが際立ちます。述べたいことを直接語るのではなく、相対するものを褒めて間接的に語るのです。

文学作品の例を見てみましょう。坂口安吾の随筆「母を殺した少年」の一文です。

日本は元来雨量が多い。太平洋沿岸すら必ずしも晴天には恵まれないが、日本海沿岸に比べたなら楽園だつた。

坂口安吾「母を殺した少年」より

この随筆は「雪国生れの人々は気候のために故郷を呪ひがちであった。」の一文で始まります。そのあとに続く〝土地の気候に性格や性質が影響されがちである〟ことが述べられている段からこの一文を抜きました。雨の多い地域を相対比較して、太平洋沿岸は楽園だとしています。そうすることで、彼の出身地である日本海沿岸（新潟県）は地獄だと、暗に言っているわけです。

この一文から相対論法を抜いてみると「日本は元来雨量が多い」という前置きも不要になり「日本海沿岸は雨量が多い」だけになるでしょう。どのくらい雨が多いのか不明ですし、楽園と地獄などという深刻な印象は消えてしまいます。

同じく安吾の随筆から、別の例を紹介します。

酒というものは、催眠薬にくらべれば、どれくらい健康だか分らない。

坂口安吾「人生三つの愉しみ」より

どちらも健康的ではありませんが、ここでは措きます。この文から相対論法をなくしてみますと「飲酒は極度に健康を害するものではない」といったものになるでしょうか。安吾は眠ることを目的に飲酒していたためこの2つを比較し、まだ酒のほうが健康であると相対論法を使ったのでしょう。

悪いもの（A）をより悪いもの（B）と比較すれば、当然（A）が善良であるかのように見えます。（A）の悪さを小さく見せたり、ごまかしたりできるわけです。しかし、相対させるのは「悪いもの」でなくともよいでしょう。

相対論法なし

≫**「妻の料理はとてもおいしい」**

相対論法あり

≫**「妻の手作り料理（A）に比べたら、銀座の有名店の料理（B）なんてものはお子様ランチだ」**

このように良いものと良いものを比較することも可能です。「BよりAが優れている」とストレートに褒めるのではなく、一方を下げることで一方を称賛した結果となるのがポイントです。誉めたいもの（A）を有名なものや高評価のもの（B）と比較することによって、（A）の良さを大きく見せることができるのです。ただし、比較する相手を貶める内容になりますので、言葉を慎重に選ぶ必要がありそうです。

文例

野村胡堂「銭形平次捕物控　金の茶釜」より

「**あんなイヤな思いをするくらいなら、針の筵へ坐った方がよっぽど楽だ**ろうと思いましたよ、――私は親に三度の物もろくに上げることの出来ないような、日本一の不孝者だ、――親不孝の晒し物になるんだと、自分で自分の心に言い聞かせて、日の暮れるのを待っていました」

室生犀星「野に臥す者」より

「**兄上の飯をはむくらいなら、野に出て甘い草木をかじり申していたらさぞ晴れがましい**気がいたそう。」

「この兄の飯をくらわぬというか。」

「とうから厭になってござる。」

芥川龍之介「侏儒の言葉」より

宇宙の大に比べれば、太陽も一点の燐火に過ぎない。

寺田寅彦「破片」より

窓のない部屋はどんなに美しくてもそれは死刑囚の独房のような気がする。こういう室に一日を過ごすのは想像しただけでも窒息しそうな気がする。これに比べたら、たとえどんなあばら家でも、大空が見え、広野が見える室のほうが少なくも自由に呼吸する事だけはできるような気がする。

ポイント　窓のない美しい部屋と、窓のあるあばら家の比較が長文で書かれている。

練習しよう！

誇張法、極言、相対論法を使って、抽象画の特徴とインパクトを人に伝えましょう。目はどんな様子ですか？　鼻は、耳は、輪郭は？　これを見た時のあなたの感想は？　いろいろなポイントに注目して特徴をとらえた文を書きましょう。

3章

語や音を繰り返して強く訴える

反復法――先へといざなう言葉の波

反復法は同じ語句や表現を何度も繰り返す技法で、強調したり、リズムを整えたりする効果があります。繰り返すとリズムが生まれ、自然に先へ先へと文が流れ、その中でまたリズムが生まれ、また先へと進むという波ができていきます。

繰り返す部分は文のどのあたりか、どういった成分（主語・述語など）なのか、言葉を繰り返すのか構成を繰り返すのか。その方法は数多く存在するため、反復法は非常に細かく分類されています。本書では代表的な反復法を取り上げ、実践に適した作例を中心に進めていきます。

【1】同じ音、同じ語、同じ文節を集中的に反復

最も簡単な反復法は、同じ音を繰り返す「畳音法」です。音を模した表現と言えばオノマトペ（245ページ）ですが、慣用的に使われているオノマトペは「ひそひそ」「わいわい」と2度重ねているものが多いため、反復と呼べるのは更にこれを重ねたものや、改行を用いるなどで工夫をしたものになるでしょう。

繰り返している擬音をさらに反復させる

反復法なし

≫ひそひそ

反復法あり

≫ひそひそ、ひそひそひそひそ……

擬音を改行して反復させる

反復法なし

≫ちゅんちゅん

反復法あり

≫ちゅん

ちゅん

すずめがちゅん

「ひそひそ」を反復させることで更に声を潜めている様子となったり、「ちゅん」を反復させることでリズムが良くなったりしています。

反復法は音数が揃ったり韻を踏んだりすることにもつながるため、詩歌に多く見られます。萩原朔太郎の散文詩を見てみましょう。

光る地面に竹が生え、
青竹が生え、
地下には竹の根が生え、

根がしだいにほそらみ、
根の先より繊毛が生え、
かすかにけぶる繊毛が生え、
かすかにふるえ。

かたき地面に竹が生え、
地上にするどく竹が生え、
まつしぐらに竹が生え、
凍れる節節りんりんと、
青空のもとに竹が生え、
竹、竹、竹が生え。

萩原朔太郎「竹」『月に吠える』より

「生え」「竹が生え」と、文末を繰り返す反復法「結句反復」が多用されています。「根」や「かすかに」のように文頭で繰り返す反復法を「首句反復」と言います。「竹、竹、竹」のように連続して同じ語を重ねる反復法は「畳語法」、「竹が生え」の繰り返しように、同じフレーズの反復は「畳句法」と呼ばれます。細かく区分を書きましたが、試験ではありませんから呼び名は重要ではありません。例文を読んで、反復による効果を感じてみてください。

「生え」「竹が生え」と文末で何度も繰り返され、その回数だけ目の前に竹が現れるような気がします。地下にはたくさんの繊細な根が「生え」、地上からはまっすぐ天へと向かって「生え」。そうして気づけば、読者の眼前には竹林が広がっています。最後に力強く反復される「竹、竹、竹」。その存在感に圧倒されます。この作品の場合、韻律の効果を見せている各行末の「、」も反復法の一部と言っていいでしょう。それはまるで、まっすぐで清潔な竹の「節」のようにも感じられます。

反復法を使うのは、もちろん詩だけではありません。小説にこんな会話を見つけました。

私の噂らしい。（中略）暫く低い声が続いてから踊子の言うのが聞えた。
「いい人ね」
「それはそう、いい人らしい」
「ほんとにいい人ね。いい人はいいね」

川端康成『伊豆の踊子』より

この3つのセリフの中に現れる4度もの「いい人」。同じ個所に重点的に反復させる「畳点法」です。この強調により、踊り子たちが「私」を心底「いい人」だと思っていることが分かります。反復を含む最後の「いい人はいいね」というキャッチコピーのような言葉も効いています。

言葉を一度で終わらせるより、反復させたほうがはるかに強い口調となります。例えば「嫌い!」と「嫌い嫌い、大っ嫌い!」を比較すればその差は歴然です。宮沢賢治の作品を例に見てみましょう。

「ここから内へはいってならん。早く帰れ。帰れ、帰れ。」蟻の特務曹長が、低い太い声で言いました。
ねずみはくるっと一つまわって、いちもくさんに天井裏へかけあがりました。そして巣の中へはいって、しばらくねころんでいましたが、どうもおもしろくなくて、おもしろくなくて、たまりません。

宮沢賢治「ツェねずみ」より

金平糖を拾おうとしたねずみを、蟻の特務曹長が引き止めるシーンです。「ここから内へはいってならん。早く帰れ。帰れ、帰れ。」と指示します。ねずみは一旦あきらめますが「おもしろくなくて、おもしろくなくて」たまりません。蟻の強い態度、ねずみの怒りが反復法により増幅されています。

同じ個所に重点的に反復させる「畳点法」からもうひとつ紹介します。アメリカの大統領（1863年）リンカーンによる、民主主義政治の原則を示した有名な言葉です。

人民の人民による人民のための政治

短い文の中でリズミカルに「人民」が3度繰り返され、「人民」が主役であるという印象が強固なものとなっています。反復法を使わずに「国民の皆様による民主主義政治」などとすればどうでしょう。

反復法あり

》人民の人民による人民のための政治

反復法なし

≫国民の皆様による民主主義政治

意味は同じはずなのに、全く心に残りません。反復法なくしては、この一文が国や時代を隔てて遍(あまね)く知られることはなかったでしょう。

【2】ある程度の間をおいてから語句を反復

語句を集中的に反復するのではなく、ある程度の間を置いてから反復させる技法を紹介します。小説に例を求めましょう。有島武郎の『或る女』からの引用です。

十五の時に、袴をひもで締める代わりに尾錠で締めるくふうをして、一時女学生界の流行を風靡したのも**彼女である**。その紅い口びるを吸わして首席を占めたんだと、厳格で通っている米国人の老校長に、思いもよらぬ浮き名を負わせたのも**彼女である**。上野の音楽学校にはいってヴァイオリンのけいこを始めてから二か月ほどの間にめきめき上達して、教師や生徒の舌を巻かした時、ケーベル博士一(ひと)

人は渋い顔をした。そしてある日「お前の楽器は才で鳴るのだ。天才で鳴るのではない」と無愛想にいってのけた。それを聞くと「そうでございますか」と無造作にいいながら、ヴァイオリンを窓の外にほうりなげて、そのまま学校を退学してしまったのも**彼女である**。キリスト教婦人同盟の事業に奔走し、社会では男まさりのしっかり者という評判を取り、家内では趣味の高いそして意志の弱い良人を全く無視して振る舞ったその母の最も深い隠れた弱点を、拇指と食指との間にちゃんと押えて、一歩もひけを取らなかったのも**彼女である**。

有島武郎「或る女」より（傍点出典元ママ）

「彼女」が十五歳の時からいかに奔放でいかに魅力的でいかに人目をひく存在であったかが書かれている箇所で、彼女の武勇伝を並べてそれをやってのけたのは「彼女である」と繰り返しています。

文末は文章の中で特に読み手の意識が向くところです。ここに決まった言葉を置くことで、読者の注意を引くことができるのです。この行動をとったのは「彼女である」と何度も文末で繰り返され、彼女の放胆さが強く示されています。大胆な「彼女」こそがこのあと一悶着起こす張本人であることも予感させる書き方となっています。

随筆の例を見てみましょう。坂口安吾の幼少時の思い出です。

私の家は昔は大金満家であったようだ。徳川時代は田地の外に銀山だの銅山を持ち阿賀川の水がかれてもあそこの金はかれないなどと言われたそうだが、父が使い果して私の物心ついたときは**ひどい貧乏**であった。まったく**ひどい貧乏**であった。借金で生活していたのであろう。尤も家はひろかった。使用人も多かった。出入りの者も多かったが、それだけ**貧乏もひどかった**ので、母の苦労は大変であったのだろう。

坂口安吾「石の思い」より

祖父の代では裕福であったはずなのに父が財産を使い果たしてしまい、貧しい幼少時代を送ったことが述べられています。「物心ついたときはひどい貧乏であった。」と一度終わらせてから「まったくひどい貧乏であった。」と念押しするかのように書かれています。そして少し間を置いてから「貧乏もひどかった」と再度述べ、貧しかったことを強調しています。

最後の「貧乏」は「ひどい貧乏」とせず「貧乏がひどかった」としているのは、「尤も家はひろかった」「使用人も多かった」「出入りの者も多かった」という語尾の反復（統一）を意識してのことでしょう。反復法はまったく同じ語にする必要はなく、言い回しを変えるという手もあるのです。こうしてリズミカルに「貧乏」が繰り返されているので、貧しさは強調されているものの、悲壮感はありません。腕白な幼少期をおくった無頼派作家の随筆にふさわしい心地よさを感じる一文です。

音を繰り返すのか、語を繰り返すのか、どの場所で何回繰り返すのか。反復法には（修辞そのものにも）答えはありません。反復法で書かれた文を見つけたときには、どこをどう繰り返しているのか意識して読むようにすると、文章作成の参考になることでしょう。

文例

北原白秋「桐の花」より

珈琲、珈琲、珈琲の煙はまだ冷めもやらずにたちのぼる。紫いろの息づかひ、ロダンの線画……

種田山頭火「其中日記（十三）」より／傍点出典元ママ

旅、旅、旅、何よりも旅がよい、旅が私を打開してくれる。

橋本多佳子「麦刈」より

私ならばどうで**あらう**。おそらくこの二倍の早さで刈ることで**だらう**。そしてもうそれだけで息もつけないほど疲れ果ててしまう**だらう**。私は何をするにもせかせかといそがしい。いそがず怠らず――それは私にとつてなんとむづかしいこと**だらう**。

筒井康隆『家族八景』より

(**そうに違いない**。**そうに違いないのだ**。**なぜなら**、彼女もまたでたらめな若返り法や(中略)**そうなのだ**。**そうに違いないのだ**。だから彼女を殺したものは狂つた現代社会なのだ。**絶対にそうなのだ**。**なぜなら**)

(**なぜなら**)

(**なぜなら**)

ポイント 反復により狂気やエゴを読み取ることができる。

夏目漱石「明暗」より

「**精神界も同じ事だ。精神界も全く同じ事だ。**いつどう変るか分らない。そうしてその変るところをおれは見たのだ」

夏目漱石「文学論序」より

去れどこの学術上の作物が、**如何に不愉快のうちに**胚胎し、**如何に不愉快のうちに**組織せられ、**如何に不愉快のうちに**講述せられて、**最後に如何に不愉快のうちに**出版せられたるかを思へば、他の学者の著作として毫も重きをなすに足らざるにも関せず、余に取つてはこれほどの仕事を成就したるだけにて多大の満足なり。

芥川龍之介「長崎」より

菱形の**凧**。サント・モンタニの空に揚つた**凧**。うらうらと幾つも漂つた**凧**。

路ばたに商ふ夏蜜柑やバナナ。敷石の日ざしに火照るけはひ。町一ぱいに飛ぶ燕。

丸山の廓の見返り柳。

運河には石の眼鏡橋。橋には往来の麦稈帽子。——忽ち(たちま)泳いで来る家鴨の一むれ。

白白と日に照つた家鴨の一むれ。

　南京寺の石段の蜥蜴。

　中華民国の旗。煙を揚げる英吉利の船。『港をよろふ山の若葉に光さし……』顱頂の禿げそめた斎藤茂吉。ロティ。沈南蘋。永井荷風。

　最後に『日本の聖母の寺』その内陣のおん母マリア。穂麦に交じつた矢車の花。光のない真昼の蠟燭の火。窓の外には遠いサント・モンタニ。

　山の空にはやはり菱形の**凧**。北原白秋の歌つた**凧**。うらうらと幾つも漂つた**凧**。

三好達治「雪」『測量船』より

十一月の夜をこめて　**雪はふる　雪はふる**
黄色なランプの灯の洩れる　私の窓にたづね寄る　雪の子供ら
小さな手が**玻璃戸を敲く　玻璃戸を敲く　敲く**　さうしてそこに
息絶える　私は聴く　彼らの歌の　**靜謐　靜謐　靜謐**

同語反復法

繰り返すことで行間に意味を持たせる

全く同じ言葉を繰り返すことで、その語に特別な意味を持たせる技法を同語反復法と言います。前節の反復法とは趣が少し異なる反復法です。

子どもが友達の持ち物を羨ましがって「みんな持ってるのに！」といった発言をすることがあるかと思います。そんなときの親御さんの常套句「よそはよそ、うちはうち」は同語反復法を使った返答です。

同語反復法あり

≫「スマホ欲しいな。みんな持ってるよ」
「よそはよそ、うちはうちです」

同語反復法なし

≫「スマホ欲しいな。みんな持ってるよ」

「家によってルールは違うのだから、よその話は関係ありません」

「よそはよそ、うちはうち」という一文からは「家によってルールは違うのだから、よその話は関係ありません」という意味を読み取ることができます。「これ以上の話し合いは無意味。この話はここで終了」と強く主張していることが感じられます。文字の裏に、行間に、意味が託されているのです。スマホくらい与えてあげてもいいのでは、と思う読者の方もいるでしょうけれど、それはそれ、ここは例文ということで。

他の例を見てみましょう。

同語反復法あり

≫「こんなに好きなのに、なんで結婚できないの」

「歳が歳だから。もう少しの我慢だよ」

同語反復法あり

≫「こんなに好きなのに、なんで結婚できないの」

「まだ結婚できる歳じゃないから。もう少しの我慢だよ」

「歳が歳だから」という一文に「まだ結婚できる年齢ではないから」「まだ若すぎるから」という意味が含まれています。改めて意味を確認しなくとも「歳が歳だから」と聞いた時点でその意味を悟ることができます。前述の「よそはよそ〜」の例と同じく、反論を許さない強さを感じます。両者の間に「歳」に対する共通の認識があり、それを確認しあうような会話です。

同じ「歳が歳だから」を使った別の会話例です。

同語反復法あり

≫「最近体の疲れがとれなくてさ」

「そりゃ、歳が歳だから」

同語反復法なし

≫「最近体の疲れが取れなくてさ」

「もう高齢になってきたから仕方がないよね」

「歳が歳だから」という言葉。先ほどは「まだ若いから」という意味でしたが、この流れだと「もう高齢になってきたから」と読み取れます。言葉は同じでも流れによって意味が変わってきます。同語反復法なしで「高齢になってきたから仕方がない」とすると、どこか深刻さを感じさせますが、「歳が歳だから」と表現すると諦めや落胆であるにもかかわらず、どこかユーモラスでもあります。

同語反復法はいろいろな使い方があります。大きくまとめると次のようになります。

1 普遍的な意味の確認

「どんな理由があったか知らないが、犯罪は犯罪だ」

2 対象の賞賛

「やはり、腐っても鯛は鯛である」

3 個人の性質やルールなどに対する諦め・受け入れ・区切り

「関係ありません。うちはうちです」

「いくら腕白でも、都会っ子は都会っ子だ」

4 感情や状態の強調

「包帯を巻いても、痛いことは痛い」

「あとで頭を下げられても、屈辱は屈辱のままだ」

いずれにしても、表に現れている言葉の裏に言いたいことが隠されています。どのパターンでも**1**をベースとしてそれぞれの使い方がなされます。「普遍的な意味」が相手と共有されているからこそ、言葉になっていなくても意味が通じるのです。

しかしながら、相手との世代差や地域性やその他の理由により「普遍的な意味」が共有されないこともありますので、場合に応じて工夫が必要となります。例えば、同語反復の語に託した意味を改めて述べるという方法もあります。

「どんな理由があったか知らないが、犯罪は犯罪だ」

⬅ 託した意味を続けて述べる

同語反復部分に託した意味

「どんな理由があったか知らないが、犯罪は犯罪だ。決して許される行為ではない」

「時間が時間だからお腹がすいた」「天気が天気だからあきらめた」「性格が性格だからモテない」——同語反復法は言葉を繰り返すだけであり、何かに譬えたり比較したりするような難しいレトリックではありませんので、気軽に取り入れることができそうです。

文例

文学作品

兼常清佐「流行唄」より

人間は人間で、猿はいつまでも猿である。流行唄はいつまでも流行唄であり、芸術的なリードはリードである。それぞれ違った意味の存在である。

田山禄弥「娟々細々」より

人間はこんなに醜悪なものだと言って、その縮写図を示して貰つたツて、人間が別に善くも悪くもなる訳ではない。何処まで行つても人間は人間である。芸術は芸術である。人間も芸術も、単なる写生だけでは何うにもならないものである。

島崎藤村「船」より

独りぼっちの人間は何処まで行っても独りぼっちだ。

映画のタイトル

ジャン=リュック・ゴダール監督「女は女である」

原題「Une Femme est une Femme」

歌の例

中島みゆき作詞「かもめはかもめ」

ポイント　タイトルにも歌詞にも同語反復法が使われている。

尻取り文（前辞反復）——語をつなぎ転換をねらう

尻取りと言えば言葉の最後の音をとって次の言葉をつなげていく遊びですが、レトリックには尻取り文と呼ばれる技法があります。文の最後に使った語を次の文の初めに使い、尻取りのようにつなげていくのです。言葉遊びの尻取りは音をつなげることそれ自体が目的ですが、尻取り文はつなげて場面を転換し、印象深い一文にすることが目的です。場面が次々に展開・転換するため、読者を先へ先へと引っ張っていく力があります。

心が変われば態度が変わる。
態度が変われば行動が変わる。
行動が変われば習慣が変わる。
習慣が変われば人格が変わる。
人格が変われば運命が変わる。

運命が変われば人生が変わる。

野村克也『野村ノート』より

尻取り文を使った名言です。

この一文は「Aが変わればBが変わる」という構成を反復させた文となっています。心が態度を、態度が行動を、行動が習慣を、習慣が人格を、人格が運命を変えていく。「自分の心が変われば人生が変わる」と結論をまとめてしまうと絵空事のように感じられますが、尻取り文で順を追い展開していくことで説得力が生まれます。先を追って読んでいくうちに、人生が変わらないのは自分の心が変わっていないからなのだと納得させられてしまうのです。

いろはにこんぺと、こんぺとは白い、白いは兎、兎は跳ねる、跳ねるは蚤、蚤は赤い、赤いはほおずき、ほおずきは鳴るよ、鳴るのはおなら、おならは臭い、臭いはうんこ、うんこは黄色い、黄色いはバナナ、バナナは高い、高いは二階、二階はこわい、こわいは幽霊、幽霊は消える、消えるは電気、電気は光る、光るはお爺の禿げ頭。

伝承歌「いろはにこんぺと」

地域や時代により多少の違いはあるものの、この歌はみなさんご存知でしょう。これはレトリックというより言葉遊びの要素が強いですが、場面を大きく転換しながら結末へと向かっていく仕組みは同じです。

名言や歌などの短文だけでなく、長文に使用することも可能です。文学作品の例を見てみましょう。

> 「小野さん」と女が呼びかけた。
> 「え？」とすぐ応じた男は、崩れた口元を立て直す暇（いとま）もない。
> （中略）
> 「何ですか」と男は二の句を継いだ。継がねばせっかくの呼吸が合わぬ。呼吸が合わねば不安である。相手を眼中に置くものは、王侯といえども常にこの感を起す。
>
> 夏目漱石「虞美人草」より

「小野さん」と呼び掛けられて反射的に「え？」と応じた小野。そのあと彼が「二の句を継いだ」ところから尻取り文が使われています。相手と「呼吸」を合わせて気を引くために、タイミングは逃さない——リズミカルに展開される尻取り文にそんな勢いを感じます。

江戸時代にはさまざまな文化の隆盛が見られ、言葉の面白さを駆使した文章も発達しました。こちらは江戸時代に流行した「尻取り文句」と呼ばれる技法です。尻取り文句は、同じ単語を使って連鎖させていくのではなく、同じ音を使ってつなぎます。

牡丹に唐獅子竹に虎、とらを踏まいて和藤内（わとうない）、内藤様は下（さが）り藤、富士見西行は後向き、むきみ蛤ばかはしら、柱に二階の縁の下、下谷上野の山かつら、桂文治は落語家（はなしか）で、でん〱太鼓に笙の笛、閻魔は盆とお正月、勝頼さんは武田菱、ひし餅三月雛祭り、まつり万灯山車（まんどうだし）屋台、鯛に鰹に章魚（たこ）まぐろ、ろんどんいかだの大港、とたんするのはお富士さん、三べん廻りて煙草にしよ、正直正太夫伊勢のこと、琴や三味線笛太鼓、太閤さまは関白じゃ、白蛇の出るのは柳島、しまの財布に五十両、五郎十郎曽我兄弟、鏡台針箱煙草盆、坊やはいい子だ寝んねしな、品川女郎衆は十匁（もんめ）、十匁エの鉄砲玉、玉屋は花火の大元祖、宗匠の住むのは芭蕉庵、餡かけ豆腐に夜たか蕎麦、そうばの鐘がどんちゃん〲、爺（ちゃん）のおッかあ四文おくれ、お暮がすぎたらお正月、お正月には宝船、宝船には七福神、神功皇后竹内（たけのうち）、内田は剣菱七つ梅、梅松桜は菅原で、藁で束ねた投島田、しまだ金谷の大井川、可愛いけりゃこそ神田から通ふ、通ふ深草百夜の情け、酒に魚で六百出者秋ママ、ままよ三度笠横っちょにかぶる、頭をたてに振る相模の女、女やもめに花が咲く、咲いた桜になぜ駒繋ぐ、つなぐ髱に大象もとまる

岡本昆石編「牡丹に唐獅子」より

「牡丹に唐獅子」は長い歌ですが、最初から最後まで読点の前後に同じ音を使った尻取り文句で綴られています。リズムの良さ、場面の鮮やかな転換、物語の面白さ。遊び心のある江戸の人々が夢中になったのも頷けます。

文例

夏目漱石『草枕』より

山路を登りながら、こう考えた。

智に働けば角が立つ。情に棹させば流される。意地を通せば窮屈だ。**とかくに人の世は住みにくい。**

住みにくさが高じると、安い所へ引き越したくなる。どこへ越しても住みにくいと悟った時、詩が生れて、画が出来る。

ポイント 「山路を〜窮屈だ」の2行は対句（236ページ）。そのあとに尻取り文。

尾辻克彦「牡蛎の季節」より

私はボーッとして、空になった一升ビンのようにボーッとして、それを**見ている。見ている**つもりが、それが本当はもう**頭の中だった。頭の中を**鉛筆がコロン、コロン、と転がっている、いまにも消えてなくなりそうな、貧血気味のスローモーション。

武者小路実隆「源氏文字鎖」より

源氏のすぐれてやさしき**は、は**かなくきえし桐壺**よ、よ**そにも見えし帚木**は、わ**れからねになく空蝉**や、や**すらふみちの夕かほ**は、わ**かむらさきのいろごと**に、に**ほふ末摘花の香**に、**錦（**に**しき）と見えし紅葉の賀（**が**）、**か**ぜをいとひし花の宴（え**む**）、**む**すびかけたるあふひ草（く**さ**）、榊（**さ**かき）のえだにをくしも**は、**花（**は**な）散る里のほとゝぎ**す、**須磨（**す**ま）のうらみにし**つ**みに**し、し**のびてかよふあかしが**た**、**た**のめしあとの澪漂（みおつく**し**）、**し**けき蓬生つゆふか**み**、**み**すに関屋のかげうつ**し**、**し**らぬ絵合おもしろ**や**、宿（**や**ど）に絶せぬまつかぜ**も**、**も**のうき空の薄雲**よ**、**世**は槿のはなのつ**ゆ**、**ゆ**かりもとめし乙女子**が**、**か**けつゝたのむ玉かつ**ら**、**ら**うたきはるの初音の**ひ**、**ひ**らくる花にまふ胡蝶（こて**ふ**）、**ふ**かき蛍のおもひこ**そ**、**そ**のなつかしき常夏**や**、**や**りみづすゞし篝火**の**、**野**分けの風にふきまよ**ひ**、**日**かけくもらぬ御幸に**は**、**は**なもやつるゝふぢはか**ま**、**ま**きの柱はわすれし**を**、折梅（**お**りうめ）が枝のにほふや**と**、**と**けにし藤のうら葉か**な**、**な**にとてつみし若菜か**も**、**も**りの柏木ならの葉**よ**、横笛（**よ**こぶえ）のねのおもしろ**や**、**や**どの鈴虫声もろ**く**、**く**らき夕霧秋ふか**み**、御法（**み**のり）をとりし磯のあ**ま**、幻（**ま**ぼろし）の世のほどもな**く**、雲隠（**く**もがく）れにし夜半の月（つ**き**）、**き**く名も匂ふ兵部卿（ひょうぶきょ**う**）、**う**つらふ紅梅色ふか**し**、忍（**し**の）ぶはしなる竹川**や**、**や**そ宇治川の橋姫**の**、**の**がれはてにし椎が本（も**と**）、**と**もにむすびの総角**は**、**は**るをわすれぬ早蕨**も**、**も**とのいろなる寄木**や**、**や**どりとめこし東屋**の**、**の**りのなもうき船のう**ち**、契（**ち**ぎ）りのはては蜻蛉**を**、**お**のがすまひの手ならひ**は**、**は**かなかりける夢の浮橋

ポイント 本作は文字鎖（最後の一文字だけを次に使う形式の尻取り文）の作品で、『源氏物語』

の全巻名を入れつつ、読点ごとの文字鎖で編まれている。傍線部が源氏物語の巻名。太字部が文字鎖。

練習しよう！

反復法、同語反復法、尻取り文を使って、写真の光景を広告のうたい文句のように詩的に表現してみましょう。目に見えるものの他、写真に写っていない心の動きや背景などを掘り下げてみるのもいいでしょう。

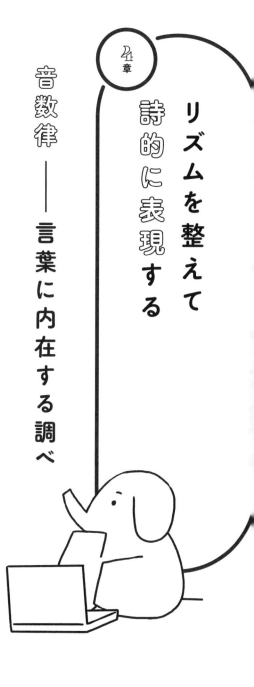

4章 リズムを整えて詩的に表現する

音数律――言葉に内在する調べ

【1】5音・7音を基調にする

五七調や七五調など、句を一定の音数で組み立てる韻律を音数律といいます。五七調、七五調と聞くと俳句や短歌を思い出す方も多いことでしょう。和歌には興味がないから5音だろうが7音だろうがどうだっていい、と思っていたら大変もったいないです。5音や7音が活躍するのは和歌の世界だけではありません。

まずは体感してみてください。与謝野晶子の有名な詩「君死にたまふことなかれ」です。

ああ、弟よ、君を泣く、
君死にたまふことなかれ。
末に生れし君なれば
親のなさけは勝りしも、
親は刃をにぎらせて
人を殺せと教へしや、
人を殺して死ねよとて
廿四までを育てしや。

与謝野晶子「君死にたまふことなかれ」より

見事なまでに5音と7音で貫かれた詩です。この作品を読んでリズムが悪いと感じる人はいないでしょう。文章は書かれている内容もさることながら、リズムも大切です。頭の中で澱みなく文が流れていくと心地よく読み進めることができるのです。言い換えれば、その文は読ませる力があるということになります。

なぜ五七調や七五調だと美しい流れになるのでしょうか。これについて、井上ひさしは独自の論を展開しています。大和言葉の単語は「ヤマ」「カワ」「ウミ」「ソラ」「トリ」「ハナ」など2音でできているものが多く、これにかぶせる枕詞は「あしひきの」「うつせみの」「おきつなみ」「しらなみの」など5音でできているものが圧倒的に多い。これが組み合わさった結果が7音である——というものです。また、2音の単語が助詞の1音でつながると「ヤマ」+「ノ」+「ハナ」で5音となります。このようなベースで育った言語なので、自然と五七調に沿う文章になるというわけです。

青いお空の底ふかく、
海の小石のそのように、
夜がくるまで沈んでる、
昼のお星は眼にみえぬ。
　見えぬけれどもあるんだよ、
　見えぬものでもあるんだよ。

金子みすゞ「星とたんぽぽ」より

こちらは金子みすゞの詩です。現代文（現代詩）でも5音7音は気持ちよくリズムを刻むことがお分かりいただけると思います。歌うような心地よい流れで最後のフレーズにたどりつき、「見えぬけれどもあるんだよ　見えぬものでもあるんだよ」と深い言葉の反復でしめくくられています。

昭和時代に「パンチDEデート」という人気番組がありました。一般から出場者を募り、そこでカップルを誕生させるという趣旨の番組です。この番組の冒頭で、リズムの良い決め台詞が使われていました。有名なフレーズですので若い方も聞いたことがあるかもしれません。

一目会ったその日から　恋の花咲く事もある
見知らぬあなたと　見知らぬあなたに
デートを取り持つ　パンチDEデート

「一目会ったその日から　恋の花咲く事もある」は5音7音、そのあとは8音ずつで形成されています。5音7音のリズムが秀逸なのはもちろんですが、そのあと言葉を反復させながら8音で揃えているところも見事です。

昭和時代といえば歌謡曲にも、5音7音がよく見つかります。有名な曲では「青い山脈」や「ゴンドラの唄」などが思い浮かびます。名曲と呼ばれる作品の歌詞には心地よいリズムが隠されていることが多いので、気になる歌詞は音読してみることをおすすめします。5音7音で区切られるわけではありませんが、ひとつの調べを感じる文章があります。

（そうです。そうです。そうですとも。いかにも私の景色です。私なのです。だから仕方がないのです。）諒安はうとうと斯う返事しました。

宮沢賢治「マグノリアの木」より

手拍子を打ちながら読みたくなるようなリズムの良さです。音数をみてみましょう。文節で分け、下に音数を記しました。

1 **そうです。そうです。そうですとも。** 4・4・6
同じ音数を繰り返した後、音が増えています。

2 **いかにも　私の　景色です。私なのです。** 4・4・5・7
同じ音数を繰り返した後、末広がりに音が増えています。

3 **だから　仕方が　ないのです。** 3・4・5（7・5とも考えられる）

文節で見ると3・4・5と1音ずつ増えていますが、「だから」「仕方が」は読むときには「だから仕方が」と2文節まとめて読むのではないでしょうか。ここをまとめると7音です。するとここに、7音5音の組み合わせが隠れていたことが分かります。

4 諒安は　うとうと　斯う　返事しました。5・4・2・7（5・6・7とも考えられる）

「うとうと」「斯う」も2文節ですが、読むときには「うとうと斯う」と続ける箇所でしょう。ここをまとめると、5・6・7と1音ずつ増えていることになります。

通して見てみますと、末広がりに音が増えていることと、**2**の後半から**4**の最初にかけて5・7・7・5・5と5音7音の組み合わせを発見します。こうして分解すると文章の持つ鼓動や律動が、視覚的に感じられるのではないでしょうか。

【2】一定のリズムを持つ文章

文学ではその質を高めるためにさまざまな試みがなされます。谷崎潤一郎は長編小説『春琴抄』で、句読点をほとんど使いませんでした。次の一文に至っては、最後の句点「。」のみ。途中には一度も句読点が出てきません。読んでみると、句点「。」がくるであろう部分が2か所見つかります。

鵙屋の夫婦は娘春琴が失明以来だんだん意地悪になるのに加えて稽古が始まってから粗暴な振舞いさえするようになったのを少からず案じていたらしいまことに娘が佐助という相手を得たことは善し悪しであった佐助が彼女の機嫌を取ってくれるのは有難いけれども何事もご無理ごもっともで通す所から次第に娘を増長させる結果になり将来どんなに根性のひねくれた女が出来るかも知れぬと密かに胸を痛めたのであろう。

谷崎潤一郎「春琴抄」より

句読点は読みやすくしたり、リズムを整えたりするために打つものですが、驚くことにこの作品にリズムの乱れや読みにくさはありません。むしろとても美しく感じられます。句読点で区切りを教えてもらわなくとも、読み手がきちんとリズムをつけて読むことができるのです。作家自身が言葉を慎重に選んで作品を書き上げているからです。この流麗な文体により『春琴抄』の耽美な世界が完成しているのです。

これとは逆に、読点の多用が見られる作品もあります。

唄がやむと、こんどは米をとぐ音だ。男は、そっと溜息をつき、寝返りをうって、期待に体を固くしながら、待ち受ける……間もなく、女が、水を入れた洗面器をもって、体を拭いに来てくれるだろう。砂と汗でふやけた皮膚は、もう炎症をおこす一歩手前だった。冷い、濡れ手拭のことを思っただけで、身がすくむ。

安部公房『砂の女』より

安部公房による長編小説です。男は昆虫採集のために訪れた土地で、砂に埋まりそうになっている家に閉じ込められてしまいます。男の期待と緊張、それに伴う息遣いが感じられる文体です。砂地獄のような息苦しい世界が読点の多用により表現されています。

読みやすさを目指したり、文学性を高めたり、世界観を構築したりなど、リズムを整える目的は作品によりさまざまです。いずれにしても文章を書いた後は一度音読して、そこに脈打つリズムを確かめてみましょう。

文例

キャッチコピー

「亭主元気で留守がいい」

ポイント 金鳥の防虫剤「ゴン」のキャッチコピー。7音・5音で作られている。

「それにつけてもおやつはカール」

ポイント 明治の菓子「カール」のキャッチコピー。7音・7音で作られている。

文学作品

カアル・ブッセ（上田敏訳）「山のあなた」より

山のあなたの空遠く
「幸」住むと人のいふ。
噫（ああ）、われひとゝ尋（と）めゆきて、
涙さしぐみ、かへりきぬ。
山のあなたになほ遠く
「幸」住むと人のいふ。

ポイント 5音・7音で訳されている。

夏目漱石「野分」より

白き蝶の、白き花に、
小き蝶の、小き花に、
　みだるゝよ、みだるゝよ。
長き憂は、長き髪に、暗き憂は、暗き髪に、
　みだるゝよ、みだるゝよ。
いたずらに、吹くは野分の、
いたずらに、住むか浮世に、
白き蝶も、黒き髪も、
　みだるゝよ、みだるゝよ。

ポイント 明治以降に広まった新体詩。

夏目漱石「水底の感」より

水の底、水の底。住まば水の底。深き契り、深く沈めて、永く住まん、君と我。
黒髪の、長き亂れ。藻屑もつれて、ゆるく漾ふ。夢ならぬ夢の命か。暗からぬ暗

きあたり。
うれし水底。清き吾等に、譏り遠く憂透らず。有耶無耶の心ゆらぎて、愛の影ほの見ゆ。

ポイント 完全な5音7音ではないものの一定の調べがある。

音彩法――音を揃えて整える

言葉には全てリズムがあります。リズムの整った文章は大変読みやすく、記憶に定着しやすくなります。句読点や文字数でリズムをつけたり、反復法（70ページ）で言葉を繰り返したりなどの技法がありますが、ここでは母音、子音、同音、類音に注目しましょう。母音と子音、同音、類音の繰り返しでリズムを整えるのが音彩法です。

【1】母音の反復

日本の仮名文字は母音単体もしくは子音+母音で成り立っていて、これの組み合わせで単語となり文章が紡ぎ出されます。言うまでもなく母音は「あいうえお」「aiueo」の音です。「か」を例に見ますと、「ka」の「k」が子音「a」が母音です。「か」を伸ばすと「かあ」となって現れる「あ」が母音です。

日本の言葉は母音を意識させるような発音ではありませんので、母音の反復は文彩としての大きな効果はないかもしれません。しかし、音を伸ばしてみると子音の裏に隠れていた母音に気づきます。言葉（音）を伸ばすと言えば、歌です。母音の反復はその特性からか、歌詞によく使われます。

では歌詞に例を求めましょう。Mr. Childrenの「名もなき詩」です。

Oh darlin　君は誰
（中略）
Oh darlin　僕はノータリン
（中略）
Oh darlin　共に悩んだり
（中略）
だからdarlin　この「名もなき詩」を

いつまでも君に捧ぐ

「名もなき詩」作詞：桜井和寿　作曲：桜井和寿

「Oh darlin」というフレーズの後に繰り返し韻が踏まれています。最初の「ダーリン・誰」は類音、2回目以降は「ダーリン・ノータリン」「ダーリン・悩んだり」と母音を中心とした韻が踏まれます。同じメロディの箇所で現れるので、韻律に気づきやすい例です。

私たちが日常に書く文章にあてはめて考えてみましょう。日常の文章にメロディはつきませんし、音読でもしない限り母音を強調するのは難しいかと思います。それでも母音を揃えるのであれば、この歌詞の「ダーリン」のように同じ言葉を繰り返してから韻を踏めば、目につきやすくなるかと思います。また、最後の2行は同じメロディであるにもかかわらず韻が踏まれていませんが、このように落ちをつけることで言葉による知的遊戯を脱し、豊かな物語性が生まれているのです。こういった部分は私たちの文章作成のヒントになることでしょう。

もう一曲、例を見てみましょう。

あなた以外

なんにもいらない
大概の問題は
取るに足らない
多くは望まない

「あなた」作詞：宇多田ヒカル　作曲：宇多田ヒカル

サビの一部分を抜き出しました。5行目の1音目のみ「お」ですが、ほとんどの行頭の母音が「あ」、行末が「い」で揃えられています。ここでは文として成り立つように改行をしましたが、実際に歌を聞いてみると3行目は「問題」で終わり、次の行頭に「は」が来るように歌われていて、「あ──い」が成り立っています。この後もサビ部分は続きますが、「あ──い」で韻を踏む法則はずっと貫かれています。

また、歌詞には書かれていませんが、歌にはところどころに「あい」「あい」と言葉を挿入しつつ歌われています。「あい」はおそらく「愛」という意味で、愛を歌っていると考えてよいのでしょう。テーマとなるキーワードで母音を反復させると、叙情的な作品となることに気づかされます。

【2】子音の反復

日本語において子音のみで発せられる音はほとんどありません。例えば「か」は子音「k」と母音「a」で成り立っていますが、「k」だけで発音は不可能です。とはいえ、子音のみの音も存在します。「っ」と「ん」です。これらは声や言葉というよりは、音や息遣いのようなものです。

「っ」については単体では発音できず、次に来る音は母音以外という決まり事もあります。一音目にも使えず、最終音にも使えませんが、「そうじゃないんですかっ!」などと強い語調を表現するときに聞こえない「っ」を入れることはあります。「キュッキュッ」といったようなオノマトペで使われることも多いでしょう。

一方、「ん」は単体で発音が可能です。最終音には使えますが一音目には使えません。とんちんかん、あんぽんたん、きんこんかんなど「ん」を一音ずつ入れるとリズミカルでユーモラスな印象が出ます。このような特徴を踏まえた上で、子音を反復させる文章を作ってみるのも面白いかもしれません。

では、子音「っ」を多用した谷川俊太郎の有名な詩作品をご覧ください。この作品は同音の反復でもあり、類音の反復でもあります。

かっぱかっぱらった
かっぱらっぱかっぱらった
とってちってた

かっぱなっぱかった
かっぱなっぱいっぱかった
かってきってくった

谷川俊太郎「かっぱ」より

【3】同音の反復

同音の反復は、文字通り、同じ音を繰り返す技法です。繰り返す回数はさまざまで反復法（70ページ）にも通じます。理屈は不要です。声に出して読んでみてください。そのリズムの良さと心地良さに気付くことでしょう。

うたがふな潮の花も浦の春　　松尾芭蕉

（訳）夫婦岩に砕ける潮の花までも、二見が浦の新春を祝っている

伊勢の二見が浦にある夫婦岩を見て芭蕉が詠んだ句です。うたがふな、うしほ、うら、と「う」を繰り返してリズムを形成しています。このように語句の最初で韻を踏むものを頭韻と言います。同音に限らず、母音、子音、類音で踏まれていても「頭韻」と呼びます。

われ男の子意気の子名の子つるぎの子詩の子恋の子あゝもだえの子

与謝野鉄幹

（訳）私は大丈夫だ、意気に感ずる男子だ、名誉を尊ぶ者だ。武勇に長けた男だ、詩人だ、恋多き男だ。ああ人間のもろもろの煩悩に身をやく者だ。

「――の子」の韻が印象深い一句です。このように語句の最後で韻を踏むものを「脚韻」

と言います。頭韻同様、同音、母音、子音、類音を問わず、脚韻と呼ばれます。

セブンイレブンのキャッチコピー

「セブンイレブン、いい気分」

インテルのキャッチコピー

「インテル、入ってる」

カルビーかっぱえびせんのキャッチコピー

「やめられないとまらない　かっぱえびせん」

同音の反復で作られたキャッチコピーです。いずれも一度聞いたら忘れないほどの名作です。同音の反復は短文であっても非常にインパクトがあります。短文だからこそ印象深くなるとも言えるでしょう。

【4】類音の反復

繰り返す音は違っていても構いません。類語の反復は似たような音でリズムを形成していきます。

サイザーンス　サイザンス
おミュージックはサンサーンス
ルネッサンスにサイエンス
ファイヤンスにグッドセンス
教養高きホモサピエンス
ドレスはパリのハイセンス
家具は柾目（まさめ）の桐ダンス
普段の帯は緞子（どんす）でザンス
貧すりゃ鈍す
鈍すりゃ金子（きんす）がほしくなる

ダンスは床(ゆか)しいフォークダンス
旦那は東大出ておりやンス
なによりきらいなナーンセンス
家庭のしあわせここに存す
サイザーンス　サイザンス！

井上ひさし『ブンとフン』より

金持ちの上品な婦人たちが、声を合わせて歌っている場面です。上品な婦人たちですから「ザンス」で脚韻を踏んでいます。同音ではなく「サンス」「センス」「ダンス」「鈍す」など、類音で反復しています。婦人たちの思考や好みなどがきちんと分かる内容で、物語を盛り上げる役目を果たしています。単に類音を集めるだけだとダジャレで終わってしまいますので、注意すべきところです。

文例

谷川俊太郎「だって」より

ぶったって
けったって
いててのてって
いったって

たってたって
つったってたって
つったって
ないてたって

いったって
いっちゃったって
どっかへ
そっとでてったって
いたって

あったって
ばったとって
うってたって

ポイント 子音「っ」の反復

作者不詳「続音声遊戯」

奥山で雉と狐と猫と犬めが集まって、何と云って鳴いていた。
雉はけん〱、わん〱、にゃんこん、にゃんけんこんにゃんけん、わん〱けんこん、にゃんけんこん〱

ポイント 子音「ん」の反復

ひさかたのひかりのどけき春の日にしづ心なく花のちるらむ　紀友則

ポイント「ひ」を使った同音の反復

奈良七重(ななへ)七堂伽藍(しちほうがらん)八重ざくら　芭蕉

ポイント「な」を使った同音の反復

上杉鷹山「上杉鷹山書状」より

成せば成る
成さねば成らぬ
何事も
成らぬは人の
成さぬなりけり

ポイント　「な」を使った同音の反復

井上ひさし『ブンとフン』より

顔の赤いは　よっぱらい
顔の蒼いは　かっぱらい
屑籠担ぐは　くずはらい
家主がよろこぶ　まえばらい
高くつくのは　あとばらい
人の気配だ　せきばらい

勲章を持つ人は　みなえらい

ポイント　「はらい」を使った類音の反復

練習しよう！

音数律や音彩法を使って「動きを感じる文」を書いてみましょう。声に出して読んだときにスムーズに流れることを意識するといいでしょう。人の歩く様子、飛んでいくボール、頬を打つ風、落ちる皿等々、どんな動きでも構いません。リズムに乗って読めるかどうか、音読でのチェックを忘れずに。

5章 直接的な表現をさけて推測させる

婉曲（えんきょく）法――言いづらいことを遠回しに伝える

「そのこと」を表す言葉は存在するのに、その語を使わずに遠回しの言葉で表現することがあります。例えば、トイレのことを「お手洗い」と言ったり、人が死んだことを「不幸があった」と言ったり。このようなレトリックの技法を婉曲法と言います。

婉曲法はズバリ言うことがためらわれるときによく使われます。子どものころはトイレはトイレと言うし人が死んだときは死んだと遠慮なく言いますが、いつしかそれはマナーに反すると学び、縁起が悪いことや下品なこと、羞恥を感じる言葉などを避けるようになります。婉曲表現は大人の礼儀だとも言えるでしょう。

トイレは手も洗いますが、手を洗うための場所ではありません。しかしズバリ「トイレ」などというと排泄行為を連想させるため、「お手洗い」のように意味や行為をずらした表現をします。私が子どものころには「便所」という言葉もよく目にしましたが、今では死語になったかと思うほど見かけなくなりました。「便所」は字面からしても、そのものズバリです。「お手洗い」さらには「化粧室」などと婉曲的に言い換えられ、最近ではトイレの案内がピクトグラム（グラフィックで表現したシンボルマーク）のみということもあります。エレベーターや非常口などのピクトグラムは機器や道具の形を模していますが、トイレに関しては男女のシルエットのみです。決して便器のシルエットではありません。トイレのピクトグラムも現代の婉曲法と言っていいのかもしれません。

時代をさかのぼると「ご不浄」「はばかり」「閑処」「手水場」等々、トイレの婉曲表現はたくさんあります。また、その行為自体を男性では「雉撃ち」、女性では「お花摘み」とも言います。その姿が雉打ちやお花摘みをしているように見えることが由来だと言われます。日本人が排泄行為に恥じらいを感じ、なんとか秘めておきたいと考えていたことが分かります。ちなみに「排泄行為」も婉曲表現です。

婉曲法は排泄行為の他、性的な行為や生殖器関係、生老病死などが語られるときに多く使われ、提喩（42ページ）、隠喩（22ページ）、換喩（36ページ）と密接に関係しています。口にするのがためらわれるため、提喩で焦点をぼかしたり、隠喩で他の物に見立てたり、換喩で近いものにすり替えたりするのです。前述のトイレ関係の単語を見てみましょう。

トイレや排泄の婉曲表現

「お手洗い」……換喩による場所のすり替え。トイレを済ませたあと手を洗うため（諸説あり）。

「化粧室」……換喩による場所のすり替え。手洗い場で化粧をするため。

「ご不浄」……提喩による焦点のぼかし。排泄は不浄な行為という考えから。

「はばかり」……提喩による焦点のぼかし。人目をはばかる行為のため。

「閑処」……提喩による焦点のぼかし。静かな場所という意味から（諸説あり）。

「手水場」……換喩による場所のすり替え。トイレのそばにある手を洗う場所のこと。

「雉撃ち」「お花摘み」……隠喩による姿の見立て。男女それぞれ、排泄の姿をなぞらえた。

妊娠や出産に関する婉曲表現に「おめでた」「身ごもる」「身二つになる」などがありま

す。年齢に関することでは、年頃が過ぎた人のことを「とうが立つ」。高齢になってくると「熟年」「人生の黄昏」「シルバー」などという表現があります。死は「旅立つ」「帰らぬ人となる」「鬼籍に入る」「星になる」「お迎えが来る」「永眠」「仏になる」などがよく知られています。生殖器は「恥部」「局部」「急所」「下半身」等といい、性行為は「愛し合う」「結ばれる」「一夜を共にする」「子作り」等々、さまざまな婉曲表現があります。

また、縁起が悪いとして言い換えられる「忌み言葉」も、婉曲表現による言葉です。忌み言葉には「するめ」を「あたりめ」に、「終わる」を「お開きにする」にするなどの言い方があります。その他、下品なものや差別的な表現などにも婉曲法が使われます。

こういった慣用的な言葉はたくさんありますが、小説家は独自の婉曲表現で文章を綴っています。文学作品の例を見てみましょう。谷崎潤一郎が随筆『陰翳礼讃』で和式便所論を展開した部分です。

結局はタイルを張り詰め、水洗式のタンクや便器を取り付けて、浄化装置にするのが、衛生的でもあれば、手数も省けると云うことになるが、その代り「風雅」や「花鳥風月」とは全く縁が切れてしまう。彼処がそんな風にぱっと明るくて、おまけに四方が真っ白な壁だらけでは、漱石先生のいわゆる生理的快感を、心ゆく限り享楽する気分になりにくい。なるほど、隅から隅まで純白に見え渡るのだから確かに清潔には違いないが、自分の体から出る物の落ち着き先について、そうまで念を押さずとものことである。

谷崎潤一郎「陰翳礼讃」より

白い壁に床はタイルという水洗式のトイレは、清潔で楽かもしれないけれど日本の情緒に合わないとし、「自分の体から出る物」の落ち着き先についてそこまでしなくとも良いのではないかユーモアたっぷりに述べています。

文例

ささきふさ「おばあさん」より

おばあさんは初めて通る家の様に、ちよつとの間きよとんとしてゐたが、席に坐ると稍自分を取り戻したらしく、

「とんだ御厄介ものが上りまして。」と丁寧に**白い頭を下げた**。

ポイント 毛髪のほとんどがほぼ白髪であることを「白い頭」と表現。これにより、お

ばあさんがそれなりの高齢であることが分かる。

堀辰雄「絵はがき」より

私はひさしぶりにそんな好ましい情景を見かけながら、しかもそれが自分の母親ぐらゐの年恰好の独逸人らしい老婦人たち——**昔の、そのまた昔の少女たち**——によつて行われてゐるのに、すっかり感動しながら……。

ポイント 老婦人のことを「昔の、そのまた昔の少女たち」と表現している。

芥川龍之介「玄鶴山房」より

「何、この苦しみも長いことはない。**お目出度くなってしまいさえすれば**……」これは玄鶴にも残っていたたった一つの慰めだった。彼は心身に食いこんで来るいろいろの苦しみを紛らす為に楽しい記憶を思い起そうとした。けれども彼の一生は前にも言ったように浅ましかった。

ポイント 死んでしまうことを「お目出度くなって」と表現している。

含意（がんい）法――因果関係にあるもので表す

≫「お母さん、お腹すいたー！」

「今、パンケーキが焼けたところよ」

「やったあ！」


一般家庭における日常の風景です。帰宅した子はお腹がすいたと言っただけなのに、母はパンケーキが焼けたと答えました。子の「お腹がすいた」という言葉は現状の報告ではなく、「何か食べたい」という意味だと読み取ったからです。また、母はパンケーキが焼けたと告げただけなのに、子は喜びの声を上げました。母の言葉はパンケーキ完成の告知ではなく「パンケーキを食べなさい」という意味だと理解したからです。ふたりとも言いたい内容とは別の言葉を使っているのに、その真意は相手に伝わっています。このように、別の言葉で表現し相手に意味を推測させる技法が含意法です。含意法は「転喩」と呼ばれることもあります。

含意法を定義づけするならば「原因を悟らせたいために結果を伝える」あるいは「結果を悟らせたいために原因を伝える」技法といったところでしょう。先の例に当てはめるならば、子は「何か食べたい」という結果を悟らせたいために「お腹がすいた」と原因を伝えたのです。母は「パンケーキを食べなさい」という結果を悟らせるために「パンケーキが焼けた」と原因を伝えたのです。因果関係にあるものに意を含ませたわけです。「エアコン効きすぎじゃない?」と言えば「温度設定を上げてくれ」という意味ですし、「聞こえないよ」と言えば「もっと大きな声で言ってよ」という意味です。因果関係にある意味を相手に察してもらうのです。

日常会話は省略で成り立っていることが多いものです。小学校の学芸会のセリフでもない限り、

≫**「お母さん、ぼくお腹がすいたから、なにか食べたいな」**
「それなら、焼きたてのパンケーキがあるから、食べるといいわ」

などと、長々と話すことはないでしょう。含意法は省略法（193ページ）とも区別があいまいで、また、換喩（36ページ）の一種だとされることもあります。明確な線引きは困難ですが、

どちらにしても私たちは短い言葉を選んだり、言い換えたりする技術を自然に身につけているのです。聞き手ももちろん、その含意を読み取る力があるわけです。

含意を正しく伝えるためには、お互いが共通の認識や常識を持っていることが必須となります。共通の認識があるからこそ、含意を汲み取ることが可能となります。先ほどの例ですと、母がおやつや食事の用意をするという「いつもの行為」があるからこそ。親子の関係が違ったものなら会話は違う流れになることでしょう。

全くの他人でも共通の認識は発生します。例えば書店で本を選んでいたとしましょう。そのとき、隣に立った買い物客がこちらの本棚に手を伸ばしつつ「ちょっと失礼します」と言ったならどうしますか。そこをどけと言われてないにもかかわらず、サッと場を譲ることと思います。相手の真意は「どいて欲しい」のだと推察したわけです。

仮に、隣に立った買い物客が「ちょっとどいて欲しいんですが」と意を含ませずに発言したらどう感じるでしょうか。「なんだいきなり?」と驚くかもしれません。「先に見てるんだから、そっちは待つべきではないのか」と腹立たしく思うかもしれません。いずれにせよ、後から来た人にいきなり「どけ」と言われたわけですから、いい気持ちはしないことでしょう。

こういったときに含意法を使うと、相手の行動を指示しなくてすむという利点があります。「どいて欲しい」と言われたら腹立たしくても「取らせてもらえますか」と言われたら、腹立たしいどころか「邪魔して悪かったなあ」などと思うかもしれません。含意法は直接言いづらいことをほのめかして伝えるときに役立つのです。

ひと昔前、プロポーズの定番のセリフに「毎日味噌汁を作ってください」というものがありました。これは、味噌汁調理の依頼ではなく「結婚してください」という意味です。「結婚してください」と言うのは恥ずかしくても、これならスムーズに言えるのかもしれません。夫婦の共働きや家事の分担化でこのセリフは死語となり、現代では「毎朝一緒に歯磨きをしよう」という表現があるとか。もちろん、毎朝そんな面倒なことをしている暇などありません。これには、結婚して寝食を共にしたいという意味が込められているのです。

公共のトイレの張り紙と言えば昔は「きれいに使いましょう」「吸殻を捨てないで」といったようなストレートな文言ばかりでしたが、最近こういった表現を多く見かけます。

画像5－1

トイレを汚すなと書きたいところを、別の言葉で表しています。利用者は綺麗に使用せよと指示されるのではなく、綺麗に使っていることを前提にお礼を言われるのですから悪い気はせず、その日も清潔を心がけることでしょう。含意表現がうまく人の心を動かす良い例です。

近年よく見かけるようになった例をもうひとつ。画像5－2

こういったシールが宅配便の荷物に貼られていることがあるかと思います。言いたいことは「取扱注意」「天地無用」なのですが、これらは命令されているようにも感じます。これを遠回しに「大切な品物」「壊れやすい商品」とすれば、強い言い方をせずとも意味は伝わります。この文を読んで「壊れやすいのか。ふーん」で終わる人はいません。読み手は文に含まれた意味を汲み取って、丁寧な取り扱いをしてくれることでしょう。

文学の例も見てみましょう。織田作之助の掌編小説です。

〰 その男は毎日ヒロポンの十管入を 〰

画像5－1

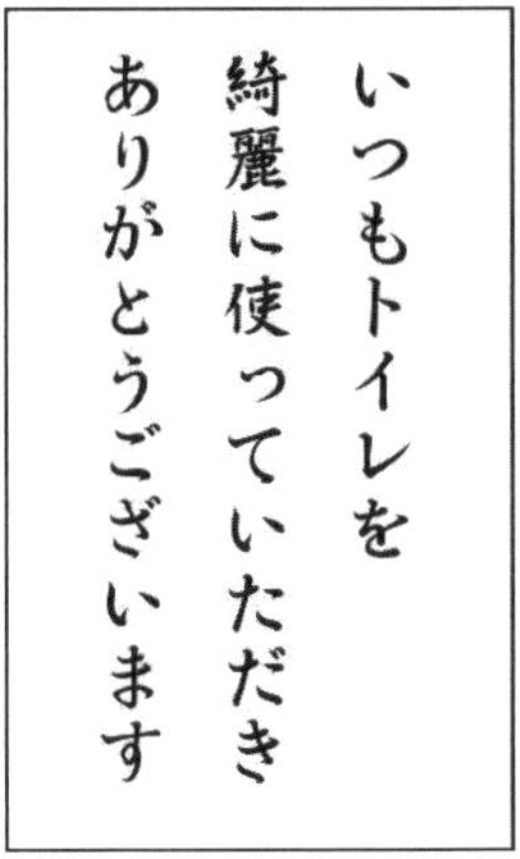
いつもトイレを
綺麗に使っていただき
ありがとうございます

画像5－2

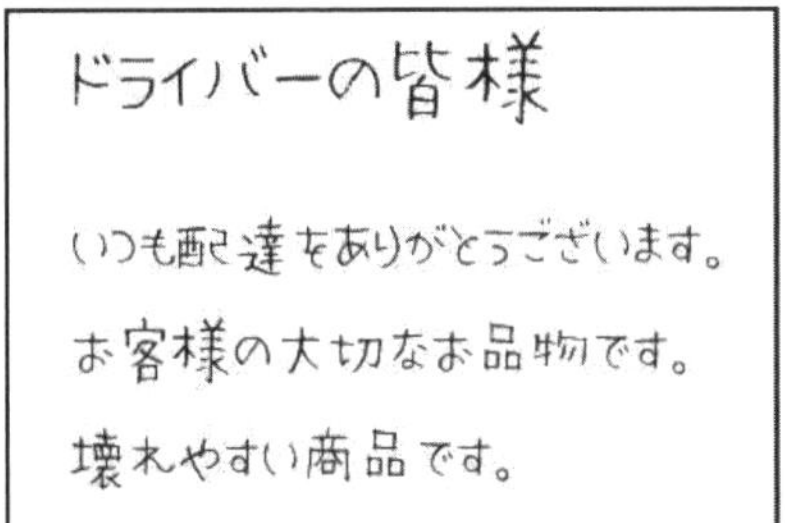
ドライバーの皆様
いつも配達をありがとうございます。
お客様の大切なお品物です。
壊れやすい商品です。
よろしくお願いいたします。

一箱宛買いに来て、顔色が土のようだった。十管入が品切れている時は三管入を三箱買うて行った。

敏子は釣銭を渡しながら、纏めて買えば毎日来る手間もはぶけるのにと思ったが、もともとヒロポンの様な劇薬性の昂奮剤を注射する男なぞ不合理にきまっている。然し敏子の化粧はなぜか煙草屋の娘の様に濃くなった。敏子は二十七歳、出戻って半年になる。

織田作之助「薬局」より

文例

薬局の店番をする敏子と、毎日薬局にヒロポン（薬物）を買いに来る男。敏子は男の接客をするうちに、化粧が濃くなっていきます。「敏子の化粧はなぜか煙草屋の娘の様に濃くなった。」この一文は恋心を含意的に表しています。美しくなったのではなく化粧が濃くなったという表現は、相手がヒロポンを使うような男であることや、敏子の年齢などが関係していると思われます。

三木卓「系図」より

ぼくがこの世にやって来た夜
おふくろはめちゃくちゃにうれしがり
おやじはうろたえて　**質屋へ走り**
それから**酒屋をたたきおこした**

ポイント　「質屋へ走り」は金の準備をしたこと、「酒屋をたたきおこす」とは酒を買ったことの含意表現

井上ひさし「四十一番目の少年」より

孝が利雄の腕を枕にして、

「いんちき」

と口を尖らせたような口調になった。利雄はしつっこく続けた。

「きょうだい」

孝の返事はもうなかった。返事のかわりに、利雄の腕の上で孝の頭が重くなった。

ポイント　孝の返事がないことと頭が重くなったことは、孝が寝てしまったことの含意

田中貢太郎「轆轤首」より

「大変じゃ、大変じゃ、彼の坊主の姿が見えませぬぞ、何処かへ往ってしまいましたぞ、いや、それればかりか、大将の体を奪って往ったのか、いくら探しても、大将の体は見えませせぬぞ」

主人の髪が逆立った。

「なに、おれの体が見えぬ、さては、やられたか」

主人は歯ががちがちと鳴って、その眼からは涙が出た。

ポイント
「髪が逆立った」は主人が怖がっていることの含意表現

内田百閒「サラサーテの盤」より

「いやいや。まだまだ。あ、風が吹いている。そうでしょうあの音は」

「そうだよ。暗い所を風が吹いているんだよ」

砂のにおいがして来た。

玄関の硝子戸をそろそろと開ける音がした様だった。

ポイント 部屋に「砂のにおいがしてきた」のは、玄関が開いたことの含意表現

練習しよう！

婉曲法や含意法を一か所以上使い、これまでの人生で経験した印象的なことがらを書いてください。大切な人の死や老い、かけがえのない命の誕生。不潔なことや下品なこと。説明文、会話文など書き方は自由です。婉曲法については、1章の隠喩、提喩、換喩の節も参考にしてみてください。ぼかしたり、すり替えたり、見立てたりなど、工夫して書きましょう。

6章

独特の演出で人の心を捉える

撞着（どうちゃく）語法——正反対の語を並べて意味をもたせる

好きなのか嫌いなのか。善人なのか悪人なのか。賢明なのか愚かなのか。人はなにかと白黒つけたがるものですが、人間はそんなに単純ではありません。好きだけど嫌い。善人の顔と悪人の顔を持っている。賢い人が愚かな行動をとる。世の中はこんなことで溢れていると思いませんか。全てのことには表と裏があるものです。表裏一体の表と裏を並べて一文で表したのが、撞着語法です。対義結合とも言います。

シーラカンスやカブトガニなどは「生きた化石」と呼ばれます。人の手が入った雑木林は「不自然な自然」です。眠るのが最優先なら「寝るので忙しい」とでも言いましょうか。最近の子はアプリでキャラを動かして「遊びながら勉強」することもあるでしょう。ところがよく考えてみますと、化石は生きてなどいませんし、自然でないから不自然というのです。忙しかったら寝てなどいられませんし、勉強と遊びは相反するものです。撞着語法はこのように、反対の語や矛盾した語を並べて言葉に意味をもたせる技法なのです。

慣用句にも「負けるが勝ち」「生ける屍」「無知の知」「有難迷惑」「慇懃無礼」など、撞着語法を使った表現が見つかります。撞着語法は人間や世の中の二面性をうまく表すことができる。シニカルで刺激的な表現方法です。「負けるが勝ち」のように処世術を教えていたり、「有難迷惑」のように本音をのぞかせて皮肉をこめたりできるのです。まるで言葉遊びのようでもありますが、物事の真理をうまく表現できれば非常にインパクトのある一文となることでしょう。

文学作品に出てくる撞着語法を見てみましょう。有島武郎の「小さき者へ」です。妻を結核で失った「私（有島）」の私小説です。手紙形式で書かれている短い作品ですが、何度か撞着語法が使われています。

〰 血まぶれになって闘ったといっていい。私も母上もお前たちも幾度弾丸を受け、〰

刀創（かたなきず）を受け、倒れ、起き上り、又倒れたろう。

お前たちが六つと五つと四つになった年の八月の二日に死が殺到した。死が総てを圧倒した。そして死が総てを救った。

有島武郎「小さき者へ」より

家族は皆、弾丸や刀で傷つけられるような思いで母上（「私」の妻）の病気と闘ってきましたが、やがて死が訪れます。「死が総てを圧倒した」にもかかわらず「死が総てを救った」とも述べられています。総てを圧倒するほどの辛さと、戦いの終焉に対する安堵。そんな相反する気持ちが撞着語法で表現されているのです。

さらに「小さき者へ」から引用です。妻の生前の支えにより、自分の欠点を受け入れて仕事に邁進できたことが書かれている箇所です。

私は自分の弱さに力を感じ始めた。私は仕事の出来ない所に仕事を見出した。大胆になれない所に大胆を見出した。鋭敏でない所に鋭敏を見出した。言葉を換えていえば、私は鋭敏に自分の魯鈍を見貫き、大胆に自分の小心を認め、労役して自分の無能力を体験した。

妻が犠牲になってくれたので「鋭敏に自分の魯鈍を見貫き」「大胆に自分の小心を認め」「労役して自分の無能力を体験」できたと撞着語法が連続して使われています。「魯鈍」には「鋭敏」、「大胆」には「小心」、「労役」には「無能力」——対義関係にある語をぶつけて、自身を語っているのです。

有島武郎「小さき者へ」より

もう一つ「小さき者へ」からです。本作のラストシーンです。

小さき者よ。不幸なそして同時に幸福なお前たちの父と母との祝福を胸にしめて人の世の旅に登れ。前途は遠い。そして暗い。然し恐れてはならぬ。恐れない者の前に道は開ける。

行け。勇んで。小さき者よ。

有島武郎「小さき者へ」より

子どもたちに「不幸なそして同時に幸福なお前たち」と話しかけています。幼くして母を亡くした「不幸」と、父母の愛を受けた「幸福」。そして、人生の旅に出る子らにエールを送って作品は終わります。

慣用句の撞着語法はまるでキャッチコピーのような切れ味の鋭さですが、小説の使用例を見ると長文にも柔らかく馴染むことが分かります。自身の葛藤や抱えている矛盾を書きたい時などは、まず反対語を並べてみると面白い表現が見つかるかもしれません。

文例

文学作品

花田清輝「サンチョ・パンザの旗」より

いま、そのサンチョ・パンザの顔を、いくら思い出そうとしても、すこしも思い出せないところをみると、あるいはドーミエは、**特徴のないということが唯一の特徴であるような相手の顔の特徴**を、かなり的確にとらえていたのかもしれないが——

シェイクスピア（中野好夫訳）『ロミオとジュリエット』より

そういえば、諍いながらの愛……愛する故の憎しみ……
ああ、そもそもが無から生まれた有……
心沈む浮気の恋……大真面目の戯れ心……
外目は美しい物みなのつくり出す醜い混沌……
鉛の鳥毛、輝く煙、冷い火、病める健康……
眠りとは呼べ、真実の眠りならぬ覚めての眠り……
微塵も恋心わかぬこの僕が、しかもその恋をしているのだ。

ぼくはふわふわした羊毛の下に彼女の手をさぐりあてて握った。それは**灼けたフォークのように冷く、氷のように燃えていた。**

倉橋由美子『聖少女』より

六月になった。この頃湿気の多い、いやな日が続く。早く山へ行きたくて仕方がない。**山の話を書くことが苦痛なくらい、山を思っている。**

石川欣一「可愛い山」より

底抜けに明るい豪快な悲鳴をあげた。

筒井康隆『家族八景』より

誉める非難があり、くさす賛辞がある。

ラ・ロシュフコー(二宮フサ訳)『ラ・ロシュフコー箴言集』より

現実主義は言い換えれば人間主義である。人は一面、**保守的であると同時に、またそれを破壊し行く冒険性を持っている**ものだ。

小川未明「囚われたる現文壇」より

即ち彼の人格は、**白にして同時に黒、黒にして同時に白**である。神と惡魔とは、いつも一の氣質の中に、或るふしぎな様式で入り込みながら生棲してゐる。兩者は決して調和をせず、また妥協をもしてゐない。彼は白でなく黒でなく、また灰色の人物でもない。

萩原朔太郎「非論理的性格の悲哀」より

倉田百三「愛と認識との出発」より

善と悪とは人の心の内で分かちがたく縺れ合って働く。**嘘から出た誠もあれば誠から出た嘘もある。**ただそれらの心の動乱のなかを貫き流れて稲妻のごとく輝く善が尊いのである。ドストエフスキーの作などに描かれているように怒りや憎しみの裏を愛が流れ、争いや呪いのなかに純な善が耀くのである。私はそれらの内面の動揺の間にしだいに徳を積み、善の姿を知ってゆきたい。

歌のタイトル

「やさしい悪魔」作詞：喜多條忠　作曲：吉田拓郎

「長く短い祭」作詞：椎名林檎　作曲：椎名林檎

擬人法——人に見立てて形容する

《春が来ると、植物が地面から顔を出します。夏には背を伸ばしたひまわりが誇らしげに

開花。秋にはもみじが赤い衣装に着替え、冬が来ると木々は裸ん坊になり。そうして長い冬のあとには、また春風が私たちのもとを訪れます。

植物には顔もありませんし、背もありません。衣服は着用しませんし、裸ん坊になどなるわけがありません。ありえないことばかりですが、このような表現はよく見かけることと思います。これは、擬人法を使った書き方です。擬人法は人間以外のモノを人間に見立てる技法です。別のものに見立てる表現ですから隠喩（22ページ）ですが、隠喩の中で特に「人に見立てたもの」を擬人法と呼ぶのです。

例文をもう一度見てみましょう。上の段が擬人法を使わずに書いた表現で、下の段が擬人法ありの表現です。

擬人法なし	擬人法あり
≫草花が芽を出す	草花が地面から顔を出す
≫ひまわりが育つ	ひまわりの背が高くなる
≫花が咲く	誇らしげに花開く
≫もみじが紅葉する	もみじが衣装替えする

≫木々の葉が落ちる　木々が裸になる
≫春になる　春が訪れる

顔を出す、背が高くなる、誇らしげ、衣装替え、裸になる、訪れる。これらは全て人間の行動や様子を表すときに使われる言葉です。私たちは人間なので、人になぞらえた文で表現されると理解しやすく身近に感じます。無機質な文を生き生きとさせる効果もあります。この特性から、童話や絵本の多くは擬人法が用いられています。動物が服を着たり会話をしたり、風や太陽が意思をもっていたり。生命を持たないはずの道具が動き出すこともあります。擬人化する対象は無限にありますが、やりすぎてしまうと童話のように幼い文になってしまうので注意が必要です。

幼くなりがちな擬人法ですが、文学作品ではどのように扱われているでしょうか。岡本かの子の随筆に学びましょう。

それを享樂しつゝ、しばらくつぶつてゐた眼を開くと、門内の前庭に焔を洗つたやうなカンナの花瓣（かべん）が思ふさまその幅廣の舌を吐いてゐた。餘り突然目の前に現れたので、そのカンナの群は私の方へ生きて歩いて來るかと思つた。あまつさへ、粒太の雨滴をさんらんと冠つてその生彩が私の息をひかしめた。

岡本かの子「秋雨の追憶」より

真っ赤な花を咲かせるカンナの大きな花びらを「幅広の舌」と喩えています。続く「カンナの群は私の方へ生きて歩いて来る」も、花を人間に見立てた表現です。「粒太の雨滴をさんらんと冠つて」の「冠る」は頭にのせるという意味ですから、やはりここも擬人表現だといえるでしょう。幼さなどは感じさせない見事な擬人法です。

詩作品から例を紹介します。室生犀星『愛の詩集』に編まれた1篇「はる」です。

おれがいつも詩をかいてゐると
永遠がやつて来て
ひたひに何かしらなすつて行く
手をやつて見るけれど
すこしのあとも残さない素早い奴だ
おれはいつもそいつを見ようとして
あせつて手を焼いてゐる

時がだんだん進んで行く
おれの心にしみを遺して
おれのひたひをいつもひりひりさせて行く
けれどもおれは詩をやめない
おれはやはり街から街をあるいたり
深い泥濘にはまつたりしてゐる

室生犀星「はる」『愛の詩集』より

永遠に意思があり行動をしているかのように書かれていますが、永遠は来るものではありませんし何かをなすりつけるような手もありません。目に見えない永遠を人間に見立てた擬人法です。

生命を持たないモノに「寂しい」「楽しい」などの感情を見出したり、「触る」「くすぐる」など人間の行動を重ねたりするのが、擬人化のコツです。人間のどういった部分に見立てることができるのか、よく観察することが大切でしょう。

文例

高村光太郎「山の春」より

自然の季節に早いところとおそいところとはあっても、季節のおこないそのものは毎年規律ただしくやってきて、けっしてでたらめでない。ちゃんと地面の下に用意されていたものが、自分の順番を少しもまちがえずに働きはじめる。木の芽にしても、秋に木の葉の落ちる時、その落ちたあとにすぐ春の用意がいとなまれ、しずかに固く戸をとじて冬の間を待っている。まったく枯れたように見える木の枝などが、じっさいはその内部でかっぱつに生活がたのしくおこなわれ、来年の花をさかせるよろこびにみちているのである。あの枯枝の梢を冬の日に見あげると、何というその枝々のうれしげであることだろう。

ポイント 全体が擬人法。「働きはじめる」「冬の間を待っている」「よろこびにみちている」「うれしげである」などの語が特に人を思わせる。

ラ・ロシュフコー（二宮フサ訳）『ラ・ロシュフコー箴言集』より

すべての感情にはそれぞれ固有の声音と身ぶりと表情がある。そしてその間の釣り合いがよいか悪いか、快いか不愉快かが、その人物を他人に喜ばれるようにも嫌がられるようにもするのである。

柳宗悦「雑器の美」より

分厚なもの、頑丈なもの、健全なもの、それが日常の生活に即する器である。手荒き取扱ひや烈しい暑さや寒さや、それ等のことを悦んで忍ぶほどのものでなければならぬ。病弱ではならない。華美ではならない。強く正しき質を有たねばならぬ。それは誰にでも、又如何なる風にも使はれる準備をせねばならぬ。装うてはゐられない。偽ることは許されない。いつも試煉を受けるからである。正直の徳を守らぬものは、よき器となることが出来ぬ。

ポイント 全体が擬人法。「病弱ではならない。華美ではならない。強く正しき質を有たねばならぬ。」など、人生論とも読めそうな強い擬人法が使われている。

梶井基次郎「海」断片より

僕の思っている海はそんな海じゃないんだ。そんな既に**結核に冒されてしまったような風景**でもなければ、**思いあがった詩人めかした海**でもない。おそらくこれは近年僕の最も真面目になった瞬間だ。よく聞いていてくれ給え。

堀辰雄『風立ちぬ』より

そして殆んど一日中、**周囲の林の新緑がサナトリウムを四方から襲いかかって、**病室の中まですっかり爽やかに色づかせていた。

葉山嘉樹「労働者の居ない船」より

又、彼女が、ドックに入ることがある。セイラーは、カンカン・ハマーで、彼女の垢にまみれた胴の掃除をする。

あんまり強く、按摩をすると、彼女の胴体には穴が明くのであった。それほど、彼女の皮膚は腐っていたのだ。

だが、世界中の「正義なる国家」が連盟して、ただ一つの「不正なる軍国主義的国家」を、やっつけている、船舶好況時代であったから、彼女は立ち上ったのだった。

彼女は、資本主義のアルコールで元気をつけて歩き出した。

こんな風だったから、瀬戸内海などを航行する時、後ろから追い抜こうとする旅客船や、前方から来る汽船や、帆船など、第三金時丸を見ると、厄病神にでも出会ったように、慄え上ってしまった。

彼女は全く酔っ払いだった。彼女の、コムパスは酔眼朦朧たるものであり、彼女の足は蹌々踉々として、天下の大道を横行闊歩したのだ。

素面の者は、質の悪い酔っ払いには相手になっていられない。皆が除けて通るのであった。

ポイント 全体が擬人法。「彼女」とは労働者を乗せた船のこと。

共感覚法——五感の間で表現をやりとりする

「黄色い声」という慣用表現がありますが、声には色はありません。声は聴覚で色は視覚で感じるものです。このように、五感（視覚・聴覚・嗅覚・味覚・触覚）の感覚を入れ替えた表現を「共感覚法」と言います。視覚は温度を感じないのに「目に涼しい」と言ったり、味覚に感情などないのに「やさしい味」と言ったりすることもあります。五感が入れ替わっているというのに、それがどういう意味なのか「感覚」でわかるのが共感覚法の面白いところです。

共感覚法で音を表現している文章を見てみましょう。

チチチッ　チチチッ　ヒヨヒヨヒヨ　チッ

こういったような、よく響く、まろやかな声である、ひと月ほどまえ、三月はじめの、まだ朝の肌寒いじぶんには、梢からおりて、（釜戸の火を恋うるかのように）

すぐ近くまで、寄って来たものであった。

山本周五郎「山彦乙女」より

主人公が山の中で聞いた鳥は「まろやかな声」でした。「まろやか」は丸みがある様子です。声に形はなく、視覚でも触覚でも確認することはできませんので、これは共感覚法だといえます。「チチチッ　チチッ　ヒヨヒヨヒヨ　チッ」という擬音語だけでは表現しきれないニュアンスが表されているのです。いわゆる「黄色い」感じのする甲高い声ではなく、「柔らかい」声なのでしょう。

こちらは音響メーカー、パイオニアの製品紹介文です。

新技術の採用や素材の見直しで、さらに「クリア」で「メリハリ」のある「力強い」音を実現。

パイオニア株式会社ホームページより

音に姿形はありませんから、本当ならクリアもマディもありませんし、メリハリなどもありません。日本語で「澄んだ音」「強弱のある音」等と訳してみても同じです。音には形はなく視覚で捉えられるものではありません。澄んだり濁ったり強かったり弱かったりするものではないのです。

聴覚で感じる声や音。単純な形容には「高い」「低い」「大きい」「小さい」などがありますが、厳密にいえばこれらも共感覚法です。聴覚で感じるものに形はありませんから、高低や大小など存在しないのです。高低や大小といった表現を使わずして音を伝えることはできません。やはりレトリックをなくした表現や思考は不可能であることが分かります。共感覚法を使ってみると「ねっとりした音」「甘い声」「枯れた音」「のびやかな高音」など、表現は無限に生まれます。好きな音楽をかけながら、どのような表現がしっくりくるのか、あれこれ考えてみるのも楽しい作業となりそうです。

文学作品に登場する味の表現を見てみましょう。

そこにはお手づくりの豆腐がふるへてまつ白なはだに模様の藍がしみさうにみえる。姉様は柚子をおろしてくださる。浅い緑色の粉をほろほろとふりかけてとろけさうなのを　と　とつゆにひたすと濃い海老色がさつとかかる。それをそうつと舌にのせる。しづかな柚子の馨、きつい醤油の味、つめたく滑つこいはだざはりがする。それをころころと二三度ころがすうちにかすかな澱粉性の味をのこして溶けてしまふ。他の皿にはませこけた小鰺が尻尾をならべてはねかへつてゐる。ぜんごのあとが栗色に、背なかは青く、腹のはうはきらきらと光つてこの魚に特有の温い匂がする。よくしまつた肉をもつさりとむしつて汁にひたしてたべるとこつとりした味がでる。

中勘助「銀の匙」より

手作りの豆腐を食するシーンです。「しづかな柚子の馨」「きつい醤油の味」、舌にのせて感じるのは「つめたく滑つこいはだざはり」。小鰺の身は「こっとりとした味」。いずれも共感覚法を用いて味を表現しています。

「ほら、鮨だよ、おすしだよ。手々で、じかに摑んで喰べても好いのだよ」

子供は、その通りにした。はだかの肌をするする撫でられるようなころ合いの酸味に、飯と、玉子のあまみがほろほろに交ったあじわいが丁度舌一ぱいに乗った具合――それをひとつ喰べて仕舞うと体を母に抛りつけたいほど、おいしさと、親しさが、ぬくめた香湯のように子供の身うちに湧いた。

岡本かの子「鮨」より（傍点出典元ママ）

味覚の表現をもう一作。鮨屋を舞台に人生が描かれる本作は、食べ物の描写も目を見張るものがあります。酢飯の味は「はだかの肌をするする撫でられるようなころ合いの酸味」。何度か読み返さずにはいられない表現です。おそらく「尖ったところのない滑らかな酸味」なのでしょう。酢飯と「玉子のあまみがほろほろに交じったあじわい」は「体を母に拠りつけたいほど」。思わずこちらが身悶えしてしまいます。

味の一番単純な表現は「おいしい」「まずい」の2つでしょう。そして味覚の分類は、甘味、塩味、酸味、苦味、旨味の5つとされています。「甘じょっぱい」「甘辛い」「旨塩味」といった表現もありますが、やはりこの5つの組み合わせです。しかし実際に口に入れたときに感じる味はもっと複雑ですので、5つの分類だけで伝達できるはずもありません。テレビのグルメリポーターは「おいしい」「まずい」の言葉を使わずに味を伝えるように心がけているといいます。しゃべる職業にもレトリックは必須のようです。

よい表現をするには五感を総動員させろ、とはよく言われることです。共感覚法を取り入れながら、感性豊かな文章を綴っていきたいものです。

文例

梶井基次郎「海 断片」より

腹を刔るような海藻の匂いがする。その**プップツした空気**、野獣のような匂い、大気へというよりも海へ射し込んで来るような明らかな光線——ああ今僕はとうてい落ちついてそれらのことを語ることができない。

古川緑波「甘話休題」

これらは、実に美味いとも何とも、口に入れれば、**バタのコッテリした味が、ほろほろと甘えて来る。**ああ思い出す。

寺田寅彦「青磁のモンタージュ」

「**黒色のほがらかさ**」ともいうものの象徴が黒楽の陶器だとすると、「**緑色の憂愁**」のシンボルはさしむき青磁であろう。前者の豪健闊達に対して後者にはどこか女性的なセンチメンタリズムのにおいがある。それでたぶん、年じゅう胃が悪くて時々神経衰弱に見舞われる自分のような人間には楽焼きの明るさも恋しいがまた同時に青磁にも自然の同情があるのかもしれない。

習慣になつてもうその上を何氣なしに**目が滑つてしまふ**やうな、それらの事物やそのほかそれに似た數々の事物が、突然、思ひもよらないやうな瞬間に、それを表現するためには、一切の言葉があまりにも貧弱に見えるほどな、莊嚴な、感動すべき跡形を自分に刻みつけて行くのです。

堀辰雄「春日遅々」より

練習しよう!

撞着法、擬人法、共感覚法を使い、写真の風景や状況を表現してください。場面全体または切り取った一部分の描写でも構いませんし、そこに隠れている物語を創作してみるのも楽しそうです。柔軟な発想で、生き生きとした文章を書きましょう。

画像6-1　画像6-2

画像6-1

画像6-2

7章

逆の言葉を使い深みを持たせる

修辞疑問法——疑問文だが問うてはいない

疑問文には、レトリックを含まない普通の疑問文と、レトリックを含む修辞疑問文があります。例えば**1**のような「お風呂入った？」という一文は、ただ質問しているだけかもしれません。**2**のようにそのときの状況などが入ってくると、「お風呂にまだ入ってないわね」という意味を含んだ修辞疑問の文だと判断できます。

1「お風呂入った？」

← 状況が入ると修辞疑問だとわかる

2「お風呂入った？」

母は汚れた私の足を見て顔をしかめて言った。

修辞疑問法は疑問文の形をしていますが、問いかけているわけではありません。たずねることが目的ではなく、強調、非難、問題提起などが目的です。例えばこんな風に使います。

≫**こんなに悲しかったことがこれまであっただろうか。**

（意味）こんなに悲しいことはこれまでなかった。

文末が「だろうか」なので質問しているようではありますが、「こんなに悲しいことはこれまでなかった」と言っているのです。問いかけることで相手に答えを悟らせるのです。ストレートに強く訴えるより、相手に悟らせたほうが説得力があり、納得させることができるからです。ですので「さあ？　あなたのこれまでの悲しみは知りませんので……」などと答えてしまっては「こんなに鈍感な人は今までいただろうか（こんなに鈍感な人は今までいなかったという意味）」と思われてしまいます。

修辞疑問の文は「だれがそんなこと言ったって？」「わが子より大切な存在がいるとでも思っているの？」など色々な書き方が考えられます。いずれも意味をそのまま述べるより、修辞疑問文にしたほうが強い語調になるのがわかります。

≫「だれがそんなこと言ったって？」
（意味）私は言っていない。
≫「わが子より大切な存在がいるとでも思っているの？」
（意味）わが子が一番大切。

修辞疑問法には、対象物を否定する場合と肯定する場合があります。まずは文芸作品から否定形の例を見てみましょう。

個性美も一つの美であることに誤りはない。だがそれは最後に満足すべき美であろうか。個人主義が不満足になる時、かかる美への見方は永続するであろうか。一度眼がルネサンス以前に溯る時、美への見方に一動揺が来ないであろうか。何故ならあの驚くべきゴシック時代では、どこまでも美が実際と交わっているからである。そうしてどこにも個性の跋扈がないからである。そこには自由の美に対して秩序の美があるからである。そこには正しい伝統が守られているからである。

柳宗悦「工藝の道」より

この数行に3つの修辞疑問文が見られます。否定形を2度続け、3度目は肯定形で締めています。疑問に対する答えは書かれていませんが、まるで書かれているかのようにその意図がハッキリと読み取れます。該当箇所のみ抜き出したものをご覧ください。

書かれていない答え

1「それは最後に満足すべき美であろうか。」→ 否、満足するはずがない。

2「個人主義が不満足になる時、かかる美への見方は永続するであろうか。」→ 否、永続しないであろう。

3「一度眼がルネサンス以前に溯る時、美への見方に一動揺が来ないであろうか。」→ 動揺が来ることは間違いない。

読者は知らないうちに〝文字に書かれている〟問いを読み、そのあとに続く〝書かれていない答え〟をも読まされているのです。答えの決定している問答を見せられているようなものです。この技法を使ったあとに「どこまでも美が実際と交わっているからである。」「そうしてどこにも個性の跋扈がないからである。」「そこには自由の美に対して秩序の美があるからである。そこには正しい伝統が守られているからである。」と論拠を矢継ぎ早に記し、読者を同意に導いていきます。

1〜3を平叙文にすると、それぞれ次のようになります。

1「それは最後に満足すべき美ではない」
2「個人主義が不満足になる時、かかる美への見方も変化する」
3「一度眼がルネサンス以前に溯る時、美への見方に動揺するであろう」

平叙文は強い言葉で断定しているにもかかわらず、説得力を欠くことに気づくのではないでしょうか。修辞疑問文は問いかける形で、柔らかいはずなのに強い説得力を持つのです。

次に肯定形の例文です。映画好きの太宰治が、映画好きな人は弱虫だという論を展開する随筆です。日本の映画は敗者の心を目標にして作られているのではないか、と考察したあとの一文を抜き出しました。

> これからの映画は、必ずしも「敗者の糧」を目標にして作るような事は無いかも知れぬ。けれども観衆の大半は、ひょっとしたら、やっぱり侘びしい人たちばかりなのではあるまいか。
>
> 太宰治「弱者の糧」より

「侘びしい人たちばかりなのではあるまいか」と疑問形にしてはいるものの、疑問に思っているわけではありません。修辞疑問文です。平叙文に書き換えて比較してみましょう。

修辞疑問あり

1 けれども観衆の大半は、ひょっとしたら、やっぱり侘びしい人たちばかりなのではある

まいか。

修辞疑問なし

2けれども観衆の大半は、やっぱり侘しい人たちばかりなのでしょう。

2は映画好きの人に失礼になりかねません。1は修辞疑問法を用いることで、ソフトな表現となっていることが分かります。また、1は「ひょっとしたら」という語がクッションの役割をして、さらにソフトになっています。2は疑問形ではないため「ひょっとしたら」のクッションは使えず、断定的な語調となります。

自分について述べるのならばどんな断定をしても誰も怒ったりはしませんが、そこに集う観衆について「侘しい人」と評価を下すわけですから、念には念を入れて柔らかい表現にしたのかもしれません。

もっとも、著者自身が答えを出しかねていて「自分はこう思うけど、どうなんだろうね？」と読者に疑問を投げかけているだけのこともあります。太宰の随筆も、例文の3行だけを抜き出すと答えを出しかねているようにも読めるのですが、本作の冒頭は「映画を好む人には、弱虫が多い。」という断定から始まっているのです。これを踏まえると、やはり最後の問いかけは「侘しい人たちばかりなのである」と結論付けるための修辞疑問文だと考えてよいでしょう。

文例

江戸川乱歩「日記帳」より

この日記には記してない、封書を（それがいわゆる最後の通信かも知れません）送ったことでもあるのでしょうか。そして、**それに対する返事として、この無意味な絵葉書が返って来たとでもいうのでしょうか。**

葉山嘉樹「労働者の居ない船」より

軍艦とは浮ぶために造られたのか、沈むために造られたのか！　兵隊と云うものは、殺すためにあるものか、殺されるためにあるものか！　それは、一つの国家と、その向う側の国家とで勝手に決める問題だ。

中島敦「鏡花氏の文章」より

事実、氏の芸術境は、日本文学中にあって特異なものであるばかりでなく、又世界文学中に於てもユニイクなものと言えるであろう。その神秘性に於て、ポオ(彼の科学性は全くなしとするも)にまさり、**その縹渺たる情趣に於てはるかにホフマンを凌ぐものがあると考えるのは単なる私の思いすごしであろうか。**

宮本百合子「作品のテーマと人生のテーマ」より

そもそも、現在の感化院というのは、いかなる人間的生活を目標において、不幸な、性格の弱い、均衡の失われた少年らを、感化してゆこうというのであろうか。答えは、比較的簡単に、かつ明瞭に、出されているのであろうと思う。人格のある、勤労をこのむ市民に養い育てるのが当院の目的であると。この答えに対して、少年らの胸中には、おのずから別な訴えと自棄とが活きて、羽ばたいて、彼らを、脱走へそそり立てるのではないだろうか。それなら、**この社会では、誰でもみんな勤労しているのか？　働けば働いただけきっと幸福になっている世の中だとでもいうのか？**

しかし、**一体人間を過不足なく描くということが可能だろうか。**そのような伝統がもし日本の文学にあると仮定しても、**若いジェネレーションが守るべき伝統であろうか。**過不足なき描写という約束を、なぜ疑わぬのだろう。**いや「過不足なき」というが、果して日本の文学の人間描写にいかなる「過剰」があっただろうか。「即かず離れず」というが、日本の文学はかつて人間に即きすぎたためしがあろうか。心境小説的私小説の過不足なき描写をノスタルジアとしなければならぬくらい、われわれは日本の伝統小説を遠くはなれて近代小説の異境に、さまよいすぎたとでもいうのか。**日記や随筆と変らぬ新人の作品が、その素直さを買われて小説として文壇に通用し、豊田正子、野沢富美子、直井潔、「新日本文学者」が推薦する「町工場」の作者などが出現すると、その素人の素直さにノスタルジアを感じて、狼狽してこれを賞讃しなければならぬくらい、**日本の文学は不逞なる玄人の眼と手をもって、近代小説の可能性をギリギリまで追いつめたというのか。**「面白い小説を書こうとしていたのはわれわれの間違いでした」と大衆文学の作者がある座談会で純文学の作家に告白したそうだが、純文学大衆文学を通じて、**果して日本の**

文学に「アラビヤン・ナイト」や「デカメロン」を以てはじまる小説本来の面白さがあったとでもいうのか。脂っこい小説に飽いてお茶漬け小説でも書きたくなったというほど、日本の文学は栄養過多であろうか。

逆言法——言わないといいつつ言う

逆言法は言いたいことを言ったあとに「言わない」という技法です。代表的な言葉が「言うまでもない」です。言う必要がないのであれば一言も触れなければいいのに、全て吐き出してしまってから「〜であることは言うまでもない」などと言うのです。もしくは「言うまでもなく」と前置きをしてから、言い始める場合もあります。言うまでもないのなら最初から黙っていればよろしい。結局言ってしまうのだから、随分ちゃっかりした技法であることは言うまでもありません。

「悪口は言いたくないけれど」と前置きしつつ悪口大会を始める人はいませんか。言いたくないなら言わなければいいのですが、その人は言いたくて仕方がないのです。騙されてはいけません。言いたくないどころか、最も言いたいことなのです。

逆言法は「言うまでもない」のほか、「読むまでもない」「買うまでもない」「食べるまでもない」「馬鹿にするわけではない」など行動を表す語との組み合せでよく使われます。北大路魯山人が食器をテーマに書いた随筆「料理と食器」を見てみましょう。

料理とはいうまでもなく、物をうまく食うための仕事である。だが、わたしはなにもここまで改まって料理の講釈をしようとは思わない。ただ一ついっておきたいことは、ともかく、そういうようなことから医者とか料理の専門家というようないろいろな物識りが、料理についてさかんに論議してはいるが、その一人として料理と食器についてはっきりした見解を述べているものがいないということだ。

いうまでもなく、食器なくして料理は成立しない。太古は食べ物を柏の葉に載せて食ったということであるが、すでに柏の葉に載せたことが食器の必要を如実に物語っている。早い話がカレーライスという料理を新聞紙の上に載せて出されたら、おそらく誰も食おうとするものはあるまい。それはなぜであるか、いうまでもなく、新聞紙の上に載せられたカレーライスがいかにも醜悪なものに思われ、嫌らしい連想などが浮かぶからである。

この短い文中に「いうまでもなく」が3回も使用されています。よほど言いたいことが詰め込まれた箇所なのでしょう。「いうまでもなく」を使っているのは「ここ重要！」と指し示しているのと同じです。

また、「いうまでもない」には「言う必要がないほど周知の事実であるから反論するべからず」といった問答無用の演出効果もあります。魯山人の随筆から逆言法をなくしてみましょう。問答無用感が和らぎ、論調が弱くなったように感じられるのではないでしょうか。

逆言法あり

1 料理とはいうまでもなく、物をうまく食うための仕事である。

2 いうまでもなく、食器なくして料理は成立しない。

3 いうまでもなく、新聞紙の上に載せられたカレーライスがいかにも醜悪なものに思われ、嫌らしい連想などが浮かぶからである。

逆言法なし

1 料理とは、物をうまく食うための仕事である。
2 食器なくして料理は成立しない。
3 それはなぜであるか、新聞紙の上に載せられたカレーライスがいかにも醜悪なものに思われ、嫌らしい連想などが浮かぶからである。

逆言法には「言葉が見つからない」といった表現もあります。「あまりの美しさに言葉をうしなった」「湧き上がる憎しみで言葉も見つからない」などです。感動や怒りなどの感情を伴う表現で、その感情の動きが大きすぎるときに使われます。こちらもやはり、「見つからない」などと言いつつ、そのときの感情はしっかりと述べています。

時代小説を例に見てみましょう。男が見知らぬ女に財布をすられ、通りすがりの侍が取り返した場面でのセリフです。

「へっ、まことにどうも――なんともはや、お礼の言葉もございません。あなた様がお通り縋りにならなければ、手前は災難の泣き寝入りで――この財布には、旦那さま、連中の手前、暖簾に恥を掻かせまいと言うんで大枚の――。」

2のように普通にお礼を述べるよりも、**1**のように逆言法で「言葉もございません」と言った方が、感謝の気持ちが深く感じられます。

逆言法あり

1「へっ、まことにどうも――なんともはや、お礼の言葉もございません。」

逆言法なし

2「へっ、まことにどうも――ありがとうございます。」

この男は財布をすられたことに気づき、追いかけたものの取り逃がしました。そのあとに颯爽と現れたのが侍です。一度あきらめたあとの出来事ですので、彼の喜びはひとしおだったのでしょう。「お礼の言葉もない」は言葉では表現できないほどの感謝なのですから、最上級の賛辞であると言えます。

引用した場面の直前には「忍び返しを越えて洩れる二階の灯を肩から浴びた黒紋付きに

白博多のその侍は、呼吸を切らしている伝二郎の眼に、この上なく凜々しく映じた」とあります。スリをつかまえてくれた侍がいかに凜々しく見えたのかがよく分かります。言葉を失うほど神々しかったのかもしれません。

文例

寺田寅彦「研究的態度の養成」より

前者の時には往々否多くの場合に教師はよい加減に誤間化して答えようとする傾きがある。**これは甚だよくないことはいうまでもない。**

芥川龍之介「鼻」より

内供がこう云う消極的な苦心をしながらも、一方ではまた、積極的に鼻の短くなる方法を試みた事は、**わざわざここに云うまでもない。**

中谷宇吉郎「長崎留学」より

維新の先覚者たちが、蘭学の勉強のために長崎へ行ったことは**今更とり立てて**

いい出すまでもないことであろう。

岸田國士「新劇界の分野」より

しかしながら、これらの理由は、一人の天才の前では、少くともその意味を失ふ性質のものである。**それは断るまでもない。**

緩叙（かんじょ）法――反対の語を否定する

緩叙法は、対義語を否定することによって言いたいことを強調する技法です。ストレートに言えば「嫌い」なのにそうとは言わず、「嫌い」の対義語である「好き」を否定し、「好きではない」と表現するわけです。「高価な買い物だった」と言わず、「高価」の対義語を否定する形で「安くはない買い物だった」と表現します。

「嫌い」と言うと攻撃的ですが、「好きではない」と言うと拒否感が和らぎます。「高かった」より「安くない」とした方が冷静さや上品さが出ます。慎み深さを美徳と考える日本人らしい表現だといえるでしょう。

その一方で、控えめに言うことによって言いづらいことをサラリと言ってしまう計算高い表現方法でもあります。例えば、「私は間違っていないと思う」といった言い方です。緩叙法を使わなければ「私は正しいと思う」となりますが、これだと自身の正当性をひたすら主張しているだけのように感じられます。ところが反対の語である「間違い」の言葉を出すと、一度は間違いの可能性を考えた上で出した結論のような印象となります。ものは言いようというやつです。

控えめな表現方法ですので、言いづらいことを述べるときにしばしば登場します。文学作品に例を求めましょう。

ちょうどその時、私のウチへ遊びにきて一しょに晩メシを食っていたのが、これは去年の暮まではさる料理屋の亭主の奥さんで、今年の春はこれもどこかのチンピラ記者の奥さんに早変りをとげているという脳味噌が定量とかけはなれている女性が居合わして、

「アラ、高木さん、いゝわねえ、女を口説くのゥ。なんと云って口説くのゥ。モシモシッと云うのゥ。それから何て云うのゥ。遊びましょうよッて云うのゥ。アラ、はずかしい。キャーッ。私も行ってみたいわア。口説かれてみるのも、悪くない

なア。あらア。キャーッ」

坂口安吾「集団見合」より

男性記者の高木が、見合いに行く前日に女性から言われたセリフです。この女性は「脳味噌が定量とかけはなれている」とされていて、その性質があらわれた口調で「口説かれてみるのも悪くないなア」と発言しています。これを緩叙法なしで言うと「口説かれてみたいわア」となりますが、はしゃぎつつもやはり本心をむき出しにすることは恥ずかしかったのでしょう。

「好きではない」＝「嫌い」なのですが、額面通り「好きではないけれども嫌いでもない」と捉えられてしまうこともあります。それを避けるためには「好きではない」と書いた後に「嫌い」だと匂わせる文言が必要となってきます。例文を見てみましょう。

西洋紙の肌は光線を撥ね返すような趣があるが、奉書や唐紙の肌は、柔かい初雪の面のように、ふっくらと光線を中へ吸い取る。そうして手ざわりがしなやかであり、折っても畳んでも音を立てない。それは木の葉に触れているのと同じように物静かで、しっとりしている。ぜんたいわれ〳〵は、ピカピカ光るものを見ると心が落ち着かないのである。西洋人は食器などにも銀や鋼鉄やニッケル製のものを用いて、ピカピカ光る様に研(みが)き立てるが、われ〳〵はあゝ云う風に光るものを嫌う。

谷崎潤一郎「陰影礼讃」より

日本の建築物や食器などにみられる陰影がいかに美しく味わい深いか――谷崎潤一郎の『陰影礼讃』は日本の美についての論考を展開した随筆です。その中で西洋紙と和紙を比較し、光を跳ね返す西洋紙は「心が落ち着かない」とやんわり述べています。これは捉え方によっては嫌っているわけではないとも読めます。

しかし谷崎はこのあとに「われ〳〵はあゝ云う風に光るものを嫌う。」とし、好悪を明確にしています。やんわり言ったあと断言するのです。言葉の駆け引きといったところでしょうか。緩叙法なしに「われわれは西洋の紙のようにピカピカ光るものが嫌いなのである」とすると、嫌悪感だけが目立ちます。

「悪くない」と緩叙法で述べたあと「好きだ」と展開していく方法もあります。種田山頭火は「其中日記」で次のように書いています。

昨夜は一睡もしないで、自己に沈潜した、自己省察は苦しかつた、だが、私の覚悟はきまつた。

——私は名誉もほしくない、財産もいらない、生命さへも惜しいとは思はない、いつまで生きるか解らないが（あゝ、長生すればまことに恥多し！）、生きてゐるかぎりは私の句を作らう。

すなほにつゝましく、——あるところのものに足りて、いういうとして怠りなく、——個性の高揚。

久しぶりに花を活ける、卯の花は好きだが、薊（あざみ）も悪くない、総じて野の花はよい。

種田山頭火「其中日記（十三）」より（傍点出典元ママ）

「名誉もほしくない、財産もいらない、生命さへも惜しいとは思はない」と否定形が続きます。ここは「不名誉が欲しい、貧乏生活がしたい、死んでしまいたい」という意味を含んだ緩叙法ではありません。「名誉も財産も生命もいらず生きている限り句を作りたい」と文字通りの意味で述べています。

そして最後の一文です。「卯の花は好きだが、薊も悪くない」と緩叙法で述べた後、「総じて野の花はよい」と結論しています。結庵して慎ましい生活を決意した山頭火が、慎ましい表現を使い、慎ましさの象徴のような山野草を愛でているのです。この部分を緩叙法を入れたり抜いたりして書き換えてみました。

部緩叙法

部緩叙法なし

1「卯の花は好きだが、薊も悪くない、総じて野の花はよい」↓1か所だけ緩叙法

2「卯の花も好きだし、薊も好きだ、総じて野の花はよい」↓すべて緩叙法なし

3「卯の花は悪くないし、薊も悪くない、総じて野の花は悪くない」↓すべて緩叙法

一度も緩叙法を用いずに**2**のようにすると、好きだ・好きだ・よい、と続き変化に乏しくなります。また**3**のようにすべて緩叙法にしてしまっても変化に乏しく、味わいを欠く文になることが分かります。

結論までの流れや言葉のリズムも考えて、適度に修辞を使うといいでしょう。

文例

谷崎潤一郎「陰影礼讃」より

されば日本の建築の中で、一番風流に出来ているのは廁であるとも**云えなくはない。**

正岡子規「病牀六尺」より

甚だしい時は極端の苦痛に苦しめられて五分も一寸も体の動けない事がある。苦痛、煩悶、号泣、麻痺剤、僅かに一条の活路を死路の内に求めて少しの安楽を貪る果敢(はか)なさ、それでも生きて居ればいひたい事はいひたいもので、毎日見るものは新聞雑誌に限つて居れど、それさへ読めないで苦しんで居る時も多いが、読めば腹の立つ事、癪にさはる事、**たまには何となく嬉しくてために病苦を忘るるやうな事がないでもない。**

内田百閒「クルやお前か」より

我侭で自分勝手で、始末が悪い。

しかしさうやつて、何とか云ふ事なく人にまつはり附いてゐようとする**猫の気持が可愛くない事はない**。

そしてまた小生は、更に飲まうがために**文句を附け足すわけではないが**、矢張り左う易々とは酒を止めようともしないといふのは、いつかは己れも、悪くなく、憎くもなく、然して野蛮に走ることのないうつとりとした盃の持ち手になりたいものよと念じて止まぬからであります。

牧野信一「僕の酒」より

階段を上って右側に帳場がある。ある人はこれを官衙（かんが）の門衛のようだと言ったが、自分も**どちらかと言えば多少そんな気がしないでもない**。これは建築者の設計の中に神経過敏な顧客の心理という因子を勘定に入れなかったためであろう。

寺田寅彦「丸善と三越」より

反語法――ほめる皮肉

夏目漱石は反語について「倫敦塔」で次のように述べています。

世に反語というがある。白というて黒を意味し、小と唱えて大を思わしむ。

こちらは筒井康隆『現代語裏辞典』における「反語」の解説です。

はんご【反語】 大暴風のさなかに。「よいお湿りでございます」

漱石や筒井の言葉を借りますと「白と言って黒を意味し」、「暴風雨のさなかによいお湿りでございます」というような技法、それが反語です。

例えば悪臭に対して「いい香りがするね」と表現してみたり、テストでひどい点数ばかり取ってくる子どもに「優秀な子だね」と言ってみたり。このような機会は割とあるのではないでしょうか。

「いい香り」や「優秀な子」をそのまま受け取ると誉め言葉ですが、その発言があった状況や背景などを踏まえると、皮肉か誉め言葉かの判断はつくことでしょう。皮肉を言われたのに誉められたと喜んでいては、ずいぶん頭のいい人だと評価を受けることになりかねません。反語を一言で説明するならば「皮肉をこめた誉め言葉」なのです。

文学作品の文例を紹介します。


やがてぱたぱた書斎中を叩き散らす音がするのは例によって例のごとき掃除を始めたのである。一体掃除の目的は運動のためか、遊戯のためか、掃除の役目を帯びぬ吾輩の関知するところでないから、知らん顔をしていれば差し支えないようなものの、ここの細君の掃除法のごときに至ってはすこぶる無意義のものと云わざるを得ない。何が無意義であるかと云うと、この細君は単に掃除のために掃除をしているからである。はたきを一通り障子へかけて、箒を一応畳の上へ滑らせる。それで掃除は完成した者と解釈している。掃除の源因及び結果に至っては微塵の責任だに背負っておらん。かるが故に奇麗な所は毎日奇麗だが、ごみのある所、ほこりの積っている所はいつでもごみが溜ってほこりが積っている。告朔の餼羊と云う故事もある事だから、これでもやらんよりはましかも知れない。しかしやっても別段主人のためにはならない。ならないところを毎日毎日御苦労にもやるところが細君のえらいところである。

夏目漱石「吾輩は猫である」より（傍点出典元ママ）

苦沙弥（くしゃみ）先生の妻が掃除をする様子を主人公の猫「吾輩」が語ります。細君の掃除はまるで運動か遊戯であり無意義だと言い放ち、意味のないことを欠かさずやるところが「細君のえらいところである」と書いてしまっても小馬鹿にしていることは分かります。しかし「えらい」と誉めると言葉のトゲは鋭くなり、非常に優位な立場から相手を見下しているかのように感じられます。

「めし食って大汗かくもげびた事、と柳多留（やなぎだる）にあったけれども、どうも、こんなに子供たちがうるさくては、いかにお上品なお父さんといえども、汗が流れる」

と、ひとりぶつぶつ不平を言い出す。

母は、一歳の次女におっぱいを含ませながら、そうして、お父さんと長女と長

男のお給仕をするやら、子供たちのこぼしたものを拭くやら、拾うやら、鼻をかんでやるやら、八面六臂のすさまじい働きをして、

「お父さんは、お鼻に一ばん汗をおかきになるようね。いつも、せわしくお鼻を拭いていらっしゃる」

父は苦笑して、

「それじゃ、お前はどこだ。内股かね？」

「お上品なお父さんですこと」

「いや、何もお前、医学的な話じゃないか。上品も下品も無い」

太宰治「桜桃」より

家事も育児も手伝おうとしない夫（太宰）に妻が嫌味を言い、自称上品な夫が下品なジョークで返します。それに対し、妻が「お上品ですこと」とやり返した場面です。もちろんその真意は「下品ね」です。非難しているのです。「お上品」を「下品」に変えてみるとどうでしょうか。

反語あり

1「お上品なお父さんですこと」

反語なし

2「お下品なお父さんですこと」

2のように「下品だ」とストレートに非難するよりも、1のように「上品だ」と反語で侮蔑した方がより辛辣です。この作品がどこまでフィクションなのか不明ですが、名家に生まれた太宰にとって「上品だ」という言葉で嘲弄をうけることはさぞ腹立たしかったに違いありません。

反語（皮肉）は嘲笑や軽蔑を含むので、自分を高い位置に置くこととなります。そのため、やりすぎるとただの思いあがりとなり「ずいぶん頭のよろしいことで」とやり返されるかもしれません。使うときには十分にご注意を。

文例

グリム（矢崎源九郎訳）「灰かぶり」より

こういうと、みんなは、女の子のきていたきれいな着物をぬがせて、そのかわりに、ネズミ色の古ぼけたうわっぱりをきせて、木ぐつをはかせました。

「ちょいと、この高慢ちきなお姫ひめさまをごらんよ。**ずいぶんおめかししたこと。**」

みんなはこうはやしたてながら、大わらいをして、女の子を台所につれていきました。

筒井康隆『現代語裏辞典』より

すなお【素直】遠まわしに言っても通じない性格。

スマート【sumart】修羅場を避け、損をせず、身綺麗にしていられる狡猾な才能。

どうがん【童顔】苦労していない顔。

ふううんじ【風雲児】問題児のこと。

ポイント 本書はさまざまな言葉をシニカルな視点からとらえて説明した裏辞典。語句を反語で説明した項目がいくつも見られる。

練習しよう！

修辞疑問法、逆言法、緩叙法、反語法のいずれかを使い、写真に撮られた風景の美しさを表現してください。夕焼け、木々、目に見えない風や鳥の声など、どの部分をモチーフにしても構いません。豊かな描写を目指しましょう。

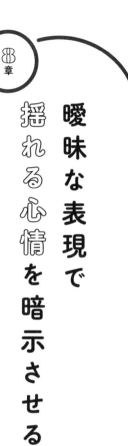

8章 曖昧な表現で揺れる心情を暗示させる

省略法――省くことで意味を膨らませる

≫この先には懐かしい風景が待っている――どこまでも続く水平線が脳裏に浮かんだ。
ハンドルを切ったところで私は言葉を失った。
ここには……海が広がっているはずなのに。

物語にこのような一場面があったとしたら、この後どんな文が続くと考えますか。そこにあったはずの海がなくなり、その光景に言葉を失った「私」。動揺したり衝撃を受けたりしていることは読みとれますが、その感情は喜怒哀楽のどれなのか分かりません。また、

海のかわりに広がっていたのはどんな風景だったのでしょうか。

この文では「〜はずなのに。」のあとに続く何かしらの言葉が省略されています。続く言葉は何でしょうか。「ここはいったいどこだ」「目の前に広がっているのは森だった」「記憶が間違えていたのだろうか」等々、無限に考えられます。答えは読者の想像にゆだねられるのです。このように、あえて文字にしないことで意味を膨らませ、風情や情感を表現するのが省略法です。省略したところに読み取るべき余情が生まれるのです。

文章の省略はさまざまな場面で見られますが、そのすべてが文彩であるとは言えません。日本語では主語を省くことはよくありますし、会話においては言葉を省略しないほうが難しく「やめて」「片づけて」「帰るね」「食べよう」など、状況に応じて一言発するだけのことも多いはずです。飼ってみたい動物を問われたとしたら「ぼくは犬です」等と返答するでしょう。これを聞いたとしても「ぼく」が自身を犬だと思っているなどとは誰も思いません。時と場合に応じて適切な省略が行われ、聞き手も意味を正しく受け止めます。こういった場合は文彩上の省略とは言えません。

また、インタビューや記者会見などが文字起こしされたとき、「(悪いのは)そこではないと考えます」といったように口に出さなかった言葉が（　）を使って補完されていることがあります。口に出さなかった語は文彩として省略されたわけではありません。その場で発言を聞いていたならば、意味が伝わるはずなので省略したのです。
これとは別に、省くことで意味が膨らみ、余情が生まれるのが文彩としての省略法です。書かれていないからこそ行間の意味を読みとり、読み手を物語の中に引き込むことができるのです。
小説の例を見てみましょう。梶井基次郎の短編作品に見られる省略法です。

時どき私はそんな路を歩きながら、ふと、そこが京都ではなくて京都から何百里も離れた仙台とか長崎とか――そのような市へ今自分が来ているのだ――という錯覚を起こそうと努める。私は、できることなら京都から逃げ出して誰一人知らないような市へ行ってしまいたかった。第一に安静。がらんとした旅館の一室。清浄な蒲団。匂いのいい蚊帳と糊のよくきいた浴衣。そこで一月ほど何も思わず横になりたい。希わくはここがいつの間にかその市になっているのだったら。――錯覚がようやく成功しはじめると私はそれからそれへ想像の絵具を塗りつけてゆく。

梶井基次郎「檸檬」より

「私」は誰も知らない遠い土地を訪れていることを夢想し、旅館の一室の道具をひとつずつ思い浮かべてゆきます。そして「希わくはここがいつの間にかその市になっているのだったら。」とその願望を言い切ることなく終わらせています。このあとに「どれだけいいだろう」「こんなに嬉しいことはない」などと続けたものと比較してみましょう。「私」の願いをより強く感じるのは、省略法を用いた文の方ではないでしょうか。

省略法あり
≫「希わくはここがいつの間にかその市になっているのだったら。」

省略法なし
≫「希わくはここがいつの間にかその市になっているのだったらどれだけいいだろう。」

接続詞を省いて言葉を羅列していくのも面白い省略の技法です。接続詞の役割は語と語の関係性を明らかにすることです。思考の流れを追うことが可能になる場合もあります。これをなくすことで並べた語の全てが同列となり、全てのことが一瞬で語られたかのような感覚に陥ります。省略することで多弁となるのです。

私はひとりでふらふら外へ出た。雨が降っていた。ちまたに雨が降る。ああ、これは先刻、太宰が呟いた言葉じゃないか。そうだ、私は疲れているんだ。かんにんしてお呉れ。あ！　佐竹の口真似をした。ちえっ！　ああ、舌打ちの音まで馬場に似て来たようだ。そのうちに、私は荒涼たる疑念にとらわれはじめたのである。私はいったい誰だろう、と考えて、慄然とした。私は私の影を盗まれた。何が、フレキシビリティの極致だ！　私は、まっすぐに走りだした。歯医者。小鳥屋。甘栗屋。ベエカリイ。花屋。街路樹。古本屋。洋館。走りながら私は自分が何やらぶつぶつ低く呟いているのに気づいた。――走れ、電車。走れ、佐野次郎。走れ、電車。走れ、佐野次郎。出鱈目な調子をつけて繰り返し繰り返し歌っていたのだ。あ、これが私の創作だ。私の創った唯一の詩だ。なんというだらしなさ！頭がわるいから駄目なんだ。だらしがないから駄目なんだ。ライト。爆音。星。葉。信号。風。あっ！

太宰治「ダス・ゲマイネ」より

主人公、佐野次郎が絶望に暮れる場面です。彼が外へ出て走り出したあたりから接続詞がなくなり、文のスピードが上がってゆきます。リズムと力強さ。臨場感あふれるシーンです。言葉を羅列するだけでなく「なんというだらしなさ！」と挿入された心情が効果的で、目の前に主人公が走っているかのようです。単語を羅列したあと「あっ！」で完結させているのも見事で、主人公にただならぬ事件が起きたことを感じさせます。

文例

ハンス・クリスチャン・アンデルセン（矢崎源九郎訳）「モミの木」より

「ああ、ぼくも、ほかの木とおんなじように、**大きかったらなあ！**」と、小さなモミの木はため息をつきました。

山本周五郎「蜆谷」より

ずいぶん飢は激しかったが、三杯たべるともう喉のどに通らなかった、そしてともかくも温まり空腹感がおさまると、こんどは二日三夜ばんの疲労がいっぺんにでて、どうにも起きていられなくなり、納戸へはいって倒れるように横になった。「家に帰ったよ、又二郎」彼は手にあたる夜具にくるまりながら、死んだ友達にこう呼びかけた、「これからどうなるかわからない、けれどともかく蜆谷の流れの音を聞き、自分の家の納戸で寝ることができる、**おまえが生きていて一緒に帰ったんだったらなぁ**」

「**あの子がいてくれたらなあ**」老人は声に出して言った。

アーネスト・ヘミングウェイ（石波杏訳）「老人と海」より

「**先程は。**」

女は余儀なさゝうに笑顔を見せました。

永井荷風「畦道」より

「**お前が喧嘩なんぞするものだから……**」

母はこう言ってちょっと僕をにらみながら、こんどは何か荷物を片づけている女中の方に向いて、

「ほんとうにこの子が少し負けてくれればいいんだがね……」

大杉栄「自叙伝」より

と眉をしかめて見せながら、それでも

「こんどは相手が先生なんだから……」

と笑っていた。

太宰治「喝采」より

「書きたくないことだけを、しのんで書き、困難と思われたる形式だけを、えらんで創り、デパートの紙包さげてぞろぞろ路ゆく小市民のモラルの一切を否定し、十九歳の春、わが名は海賊の王、チャイルド・ハロルド、清らなる一行の詩の作者、たそがれ、うなだれつつ街をよぎれば、家々の門口より、ほの白き乙女の影、走り寄りて桃金嬢(てんにんか)の冠を捧ぐとか、真なるもの、美なるもの、兀鷹(はげたか)の怒、鳩の愛、四季を通じて五月の風、夕立ち、はれては青葉したたり、いずかたよりぞレモンの香、やさしき人のみ住むという、太陽の国、果樹の園、あこがれ求めて、梶は釘づけ、ただまっしぐらの冒険旅行、わが身は、船長にして一等旅客、同時に老練の司厨長、嵐よ来い。竜巻よ来い。弓矢、来い。氷山、来い。渦まく淵を恐れず、暗礁おそれず、誰ひとり知らぬ朝、出帆、さらば、ふるさと、わかれの言葉、いいも終らずたちまち坐礁、不吉きわまる門出であった。

ポイント 2行目から最後まで、接続詞などの省略を頻繁に使って書かれている。

黙説法──感情の高まりを沈黙で語る

遠回しに言ったり敢えて書かなかったりと、レトリックには控えめな表現が多くありますが、黙説法はもっとも控えめな技法です。黙って説くという字の通り文字を書かない表現で、文字の代わりに「……」「――」などの記号を用いて黙っていることを表します。

発言が終わったので黙るとか、言葉にするまでもないので省略するといったことは、スムーズな会話進行のために無意識で行われ、これを文彩と呼ぶことはできません。どこから修辞と考えるのかは難しい問題ですが、黙ることで特別な効果が出ているならそれは黙説法と呼んでいいでしょう。単に黙っただけではなく、言葉を期待されている場面だからこそ沈黙が語り出すのです。

黙説法は感情が大きく動いたときなどに効果を表します。言葉で表せないほどの怒り、言葉を失うほどの動揺、静かにすべき場面でのこみ上げてくる笑いなど、高まる感情を伝えようとするあまり言葉につまるようなイメージです。これ以外にもさまざまな場面で使われます。

激しい感情を表現

先輩の理不尽な怒号に彼女はただ、唇をかみしめた。

「……」

読み手に考える時間を与えたり、一呼吸置いたりする。

筋トレ、素振り、壁打ち、練習試合——特訓は1000日に及んだ。

説明や発言に困ったり、自身が考え込んだりしたとき

「去年……いや一昨年だったかもしれない」

彼は視線を泳がせながらつぶやいた。

語気が強かったわけではないが、強い思いが隠れてるとき

「ぼくにもあんな力があったなら……!」

頑なな沈黙

「……」

そのあと祖母は一言も語ろうとはしなかった。

文学作品では、どのように黙説法を使っているでしょうか。

ただそれだけならば別に子細はありませんが、わたくしが松島さんの缶をのぞいて、それからふと――まったく何ごころなしに川の方へ眼をやると、その男の人は一尾の蛇のような長い魚――おそらく鰻でしたろう。それを釣りあげて、手早く針からはずしたかと思うと、ちょっとあたりを見かえって、たちまちに生きたままでむしゃむしゃと食べてしまったのです。たとい鰻にしても、やがて一尺もあろうかと思われる魚を、生きたままで食べるとは……。わたくしはなんだか**ぞっ**としました。

岡本綺堂「鰻に呪われた男」より

50代後半の「わたくし」こと田宮夫人が若いころに経験した奇妙な出来事です。夫人は鰻を生きたまま食べた男を目撃し、その様子を述べたあと黙り込んでいます。「気持ちが悪かった」などと言葉にしないからこそ、その気味の悪さが読者に伝わってくるのです。

もうひとつ小説から文例を紹介します。


猪之は肱枕（ひじまくら）をしたまま、ぼんやり**おちよ**のようすを見まもっていて、ひょいと去定に一種のめくばせをし、顔をしかめて囁いた。

「へっ、女なんてもなあ、——ね」

軽侮と嫌悪のこもった表情であった、去定は黙って、さりげなく猪之とおちよを見比べていた。


山本周五郎「赤ひげ診療譚　三度目の正直」より（傍点出典元ママ）

女性嫌いの猪之が、兄貴分の妻おちよに茶を淹れてもらったあとのセリフです。「女なんてもなあ、」のあと一呼吸おくように「——」と黙っています。次の行に書かれているように、この黙説に込められているのは軽蔑的な感情なのでしょう。

文例

江戸川乱歩「踊る一寸法師」より

まっ黒な背景の中に、緋の衣の様な、真赤な道化服を着た一寸法師が、大の字に立ちはだかっていた。その足許には血糊のついたダンビラが転っていた。彼は見物達の方を向いて、声のない、顔一杯の笑いを笑っていた。……だが、あの幽**かな物音は一体何であろう。**

宇野浩二「思ひ出すままに『文藝春秋』と菊池と」より

その席で、誰であつたかが、芥川賞と直木賞のほかに、たしか、五十歳を越した作家に、前年にすぐれた作品を発表した人を選んで、菊池賞とでもいふのを設けては、と主張した。それがほぼ極まりかかつたところで、菊池が、ときどきそんな顔をする、いかにもキマリのわるさうな顔をして、「**僕の名を使ふのは……**」と云つた。が、その席にゐた多くの人たちが主張して、菊池賞が設定されたのであつた。

躊躇・訂正――迷うほどに現れる人生の機微

ああするべきだったのかもしれない、いやそうとも限らない。本心はこうだろうか、違う気もするし、ううむ正解がわからない……。

生きているとこんな風にあれやこれやと思い悩む場面に出くわすのではないでしょうか。特殊な能力でも持っていない限り、将来のことが見通せるわけはありません。人の心も読み取れませんから、あれこれ迷うのは当たり前です。躊躇・訂正はこのような心情を表すときに最適な技法です。可能性のある答えを複数並べたり、ひとつのことがらに対する評価をいくつか並べたりして表現します。

1 躊躇

亡き母を思うとき心に去来するのは、**侮蔑**のようでもあるし**憎悪**のようでもある。このようなマイナスの感情は**愛の裏返し**のような気もする。

二十年共に暮らしている愛犬は、**愛おしいわが子**のようでもあるし、戦友のような相棒のような存在でもある。**自身の分身**のようだと感じることもある。

答えを出しかねるとき、可能性のある答えを複数並べるのです。躊躇するだけで、答えをひとつにしぼるわけではありません。

≫「**甘すぎるというよりは不味い、しかし不味いというのも気が引ける。**」

≫「**恥ずかしいような、でも少し嬉しいような気がした。**」

≫「**鳥のようでもあったが、ミイラのようでもあった。**」

≫「**度胸があるというか、無神経というべきか。**」

いろいろな書き方が考えられますが、語を複数並べるだけの列叙法（254ページ）とは違い、可能性を追求するのが「躊躇」の特徴です。

では、文学作品での使用例です。

これは苦悩でもない。痛みでもない。悲しみでもない。まして歓喜でもない。苦悩の燠(おき)のようなものかと思ってみるが、それでもない。苦悩は確実に過ぎ去ったのだ。

三島由紀夫『美徳のよろめき』より

主人公は人妻の節子です。この一文は、彼女が不貞の沼から抜け出したあとの心情です。苦しみや悲しみなどではなく、言い表しようのない複雑な思いが錯綜していることが分かります。

2 訂正

躊躇した結果、答えを出した場合は「訂正」の技法となります。

口が達者というよりは、詐欺の才能があるといった方が正確かもしれない。

躊躇　訂正

優しさだろうか、愛だろうか。いや、そうではない。**ただの同情だろう。**

躊躇　訂正

躊躇　　訂正

芸術家？　自由業？　馬鹿をいうな。**無職と呼ぶのが適当だ。**

迷った結果これを選んだのだ、という思考の道筋を読者にも体験させるため、説得力を持たせることができるでしょう。

文学作品ではこのように使われています。

事実、それから後に於ける私たち三人の同盟には、そんな、日本語不自由組だの「ウマが合った」だのの観念を超越した何か大きいものに向っての信憑と努力とがあったのだが、それが何であったか、私にはどうも、よくわからない。相互の尊敬というものであろうか、隣人愛とでもいうものであろうか、或いは、正義とでもいうべきものであろうか、いやいや、そんな気持をみんなひっくるめた何かぼんやりして、もっと大きいもののような気がする。

太宰治「惜別」より

「私たち」が結んだ交友には高遠な理由があるとし、それがなんであったのか考察してい

ます。「尊敬」「隣人愛」「正義」と答えを探し（躊躇）たあと、「みんなひっくるめた何かぼんやりして、もっと大きいもの」であると訂正しています。

躊躇の技法を使用する人は意志薄弱というべきか優柔不断というべきか、それとも内省癖が激しいと言った方が正確か。――そんなことはありません。人は迷いながら生きているものなのです。

文例

夏目漱石「こころ」より

私はこういう事でよく先生から失望させられた。**先生はそれに気が付いているようでもあり、また全く気が付かないようでもあった。**私はまた軽微な失望を繰り返しながら、それがために先生から離れていく気にはなれなかった。

ポイント 躊躇

北條民雄「書けない原稿」より

それに僕は雨の多い国に生れたせゐか、どうも雨といふやつが好きでならない。

夏の雨、冬の雨、春の雨、何時の雨でもその季節季節の味ひで頭を、まるで何か気持の良い温か味のある綿のやうなもので包んでくれる。だから雨の降る日には何時もの二倍くらゐ、ものが書ける。**いや書けねばならない筈なのだ。**

ポイント 躊躇はなく、訂正が単体で使われている。

夏目漱石「写生文」より

この故に写生文家は地団太を踏む熱烈な調子を避ける。係る狂的の人間を写すのを避けるのではない。写生文家自身までが写さるる狂的な人間と同一になるを避けるのである。避けるのではない。そこまで引き込まるる事がおかしくてできにくいのである。

ポイント 否定と訂正が繰り返されている。

織田作之助「夜光虫」より

溺死人、海水浴、入浴、海女……そしてもっと好色的な意味で、裸体というものは一体に「濡れる」という感覚を聯想させるものだが、たしかにこの際の雨は、その娘の一糸もまとわぬ姿を、**一層なまなましく……というより痛々しく見せる**

のに効果があった。

ポイント　訂正

――しかし、それは、もしかすると、**単にわたしの記憶がうすれているためかもしれず、さらにまた一方、顔など、そこではまるで省略されていたような気がしないでもなく、**あいにく手もとにそのデッサンがないので、それが傑作であるかどうか、にわかにわたしは断定をくだすことができないのだ。

花田清輝「サンチョ・パンザの旗」より

ポイント　躊躇

感嘆法。驚嘆法――抑えきれない思い

心が大きく動いたとき、思わず言葉が口をついて出ることがあります。例えば「うわあ、美しい」「なんて美味しいの」「絶対に許さない！」といったような抑えきれない思いです。これをセリフとして扱うのではなく、連続した文章の中で吐露する技法が感嘆法です。

≫彼女が幼少の頃から好きだった画家の展覧会が地元で開催されることとなった。初日に会場を訪れた彼女は、作品の前に立ち尽くした。
ああ、画家の息づかいが聞こえる。
作品を正確に記憶しているつもりだったが、自分の知っているそれは所詮印刷物でしかなかったと思い知ったのだった。

「ああ、画家の息づかいが聞こえる。」の部分が感嘆法です。地の文（セリフ以外の文）が続いている中で、突然感情が表出します。だからこそインパクトを与えることができるのです。

会話文の中で「まあ、なんてこと！」等と感情が出ることもありますが、これを文彩とするのは疑問が残ります。感嘆法は他人に対して発せられる言葉ではなく、自分自身に対して発する言葉や心情の確認であると考えるべきでしょう。

感嘆法を効果的に使うには、次のような手段が考えられます。

1 **疑問形**

なんと美味しかったことか。
どうして嫌いになれるだろう。

2 **感動詞＋心情の吐露、祈りなど**

（感動詞）ああ、（心情）**この運命から逃れられないのか。**
（感動詞）**おお**神よ、（心情）**お許しを。**

3 **語りかけ**

野よ、山よ、美しい空気よ！
愛する故郷よ、しばしのお別れだ。

4 **倒置文**

なんなのだ、これは。

あきれたよ、心から。

感動、賞賛、非難、祈り等、伝えたい気持ちが最もうまく伝わる一文を書きたいものです。

文例

種田山頭火「其中日記（十三）」より／傍点出典元ママ

私は名誉もほしくない、財産もいらない、生命さへも惜しいとは思はない、いつまで生きるるか解らないが（**あゝ、長生すればまことに恥多し！**）、生きてゐるかぎりは私の句を作らう。

エドガア・アラン・ポー（佐々木直次郎訳）「しめしあわせ」より

その逢った時のことを思い浮べようとすると雑然たる思い出が湧いてくるのである。しかし予は覚えている――**ああ！　どうして忘れられよう？**――かの深い真夜中を、かの嘆きの橋を、かの美しき女性を、また、かの狭い運河をあちこちと歩き廻ったロマンスの精霊を。

萩原朔太郎「虚無の歌」より

ああ神よ！　もう取返す術もない。私は一切を失ひ盡した。**けれどもただ、ああ何といふ樂しさだらう。**私はそれを信じたいのだ。私が生き、そして「有る」ことを信じたいのだ。永久に一つの「無」が、自分に有ることを信じたいのだ。**神よ！　それを信ぜしめよ。**私の空洞（うつろ）な最後の日に。

三好達治「測量船——湖水」より

風が吹いて　水を切る艪（ろ）の音櫂（かい）の音
風が吹いて　草の根や蟹の匂ひがする
ああ誰かがそれを知つてゐるのか
この湖水で夜明けに人が死んだのだと

練習しよう！

省略法、黙説法、躊躇、訂正、感嘆法、驚嘆法を使い、浮世絵を見たときの心の動きを書いてください。水面、月、船、人物等々、絵の中にはさまざまなモチーフがあります。複数選んでも構いませんし、一つに注目して掘り下げても構いません。

歌川国芳『東都名所・佃嶋』(東京国立博物館所蔵／「ColBase」収録
https://jpsearch.go.jp/item/cobas-51112)

9章

一語を複数の意味に使い 同音の妙を演出

くびき法——一つの言葉に二つの意味を持たせる

現代ではほとんど目にすることのなくなった道具「くびき」。二頭並べた牛馬などの首に橋渡しのようにつける横木で、荷物を運ばせたり農作業をさせたりするときに使われました。修辞技法のくびき法はここから名付けられたようです。

くびき法は一語に二役以上の働きをさせる技法です。「会長は声を上げて笑い出した。続いて社長が。専務が。」など、一語と複数の語句に関係をもたせるのです。

くびき法を使った文章のパターンはいくつか考えられます。

1 ひとつの述語でまとめる

≫私はミルクティを**飲んだ**。妹はカフェオレを母親はエスプレッソを。
≫私はミルクティを、妹はカフェオレを、母親はエスプレッソを**飲んだ**。

同じような構成が繰り返される文において、いくつか主語があるにもかかわらず、ひとつの述語でまとめます。くびき法は省略法（193ページ）の一種です。同じ語を繰り返さずとも、そこに「飲んだ」が入ることは明白です。では省略された部分を書き足して、くびき法をなくした文章に換えてみましょう。

≫**私はミルクティを飲んだ。妹はカフェオレを飲んだ。母親はエスプレッソを飲んだ。**

意味はなにも変わりませんが「飲んだ」が過剰な印象を与えます。もちろん敢えてこのような表現を選択するときもありますが、日常的な伝達文では省略した方がよいこともあるでしょう。

≫女房と畳は若い方がいい

古女房を揶揄する慣用表現です。「若い」という形容詞が二つの語を結びつけています。「女房」は年齢、「畳」は使用年数の話ですが、どちらも「若い」でまとめられています。この表現が面白く感じられるのは「女房」と「畳」の間に隔たりがあるからです。これを隔たりのない語にしてみるとこのような感じになるでしょうか。

≫**カーテンと畳は若い方がいい**

居住空間にあるインテリア用品を2つ並べてもなにも面白味はありません。もうひとつ例を出すと「草も木も枯れている」はレトリックとは言い難いですが「草も私も枯れている」となればユーモアを感じます。結びつける複数の語は同じ分野に属さないことが大切で、ジャンルに隔たりがあればあるほど面白くなるのです。

面白い語を見つけるのはなかなか難しいですが「女房と畳は若い方がいい」などと失礼なことを言われたときには「おやじと油は古いほど臭くなる」等と言い返してみてはどう

でしょう。

同音異義語を使用するのではなく、同語を別の意味で使うのがポイントです。「引く」「落ちる」「上げる」等々、複数の意味を持つ言葉は動詞に多く見られます。動詞の使い方を意識すると、くびき法を用いた面白い文章が書けるかもしれません。

「落ちる」を使った例

≫彼は受験に落ちて肩を落とした。

「引く」を使った例

≫彼女の気を引くつもりが、やりすぎて彼女が引いてしまった。

3 反復して複数の語を修飾させる

「**健全**な精神は**健全**な肉体に宿る」

「言葉の**乱れ**は心の**乱れ**」

同語を反復して他の言葉を結びつけます。自然とリズムが良くなり言葉に説得力が生まれるので、格言やスローガンなどによく見られます。この使い方は同語反復法（84ページ）であるとも考えられます。

文例

文学作品

太陽も死もじっと見つめることはできない。

ラ・ロシュフコー（二宮フサ訳）『ラ・ロシュフコー箴言集』より

ポイント　同じ語を違う意味で使用するくびき法

ことわざ

金の切れ目が縁の切れ目

ポイント　反復して複数の語を修飾するくびき法

キャッチコピー

「目のつけどころがシャープでしょ。」

ポイント　シャープのキャッチコピー。社名の「シャープ」に、「鋭い」という意味を持たせて2役させている。一語を複数の意味で使用するくびき的なコピー。

「甘くないオレ」

ポイント　サントリーBOSS砂糖不使用のキャッチコピー。「オレ（カフェオレ）」に「俺」の意味を持たせて2役させ、「甘くない」の語に「味覚上の甘味」と「性格上の甘さ」の2つの意味を持たせている。「オレ」は同音異義語だが、「甘くない」は一語を複数の意味で使用するくびき的表現。

掛詞・兼用法――同音異義で意味を膨らませる

難波江の　あしのかりねの　ひとよゆゑ
みをつくしてや　恋わたるべき

皇嘉門院別当（こうかもんいんのべっとう）による和歌で、百人一首にも選ばれている作品です。一つの言葉に複数の意味を掛けた「掛詞」を多く織り込み、一夜の恋の切なさを歌い上げています。

歌の意味は「あなたと共に過ごしたのはただ一夜だけ。それはまるで難波の入り江に生えている、蘆の刈根の一節のように短い時間。これから私は澪標のように身を尽くして、あなたに一生恋し続けることになるのでしょうか」といったもので、作者は短い和歌の中に3つの掛詞を盛り込んでいます。

≫「かりね」……刈り根（蘆を刈り取った根）
　　　　　　　仮寝（仮の宿）

≫「ひとよ」……一節（蘆の節の間）
　　　　　　　一夜

≫「みをつくし」……身を尽くし（生涯かけてつくす）
　　　　　　　　　澪標（船の航路を示す杭）

和歌は苦手という方もいるかと思いますが、掛詞は簡単に言えば同音異義語です。同音異義語を使った言葉遊びにはダジャレがあります。ダジャレが好きな方は掛詞や兼用法も得意なはずですので、気軽に取り組んでいきましょう。

では兼用法の例を現代文学に求めましょう。

解剖室。死体が云ふ
あんちきしよ　窓のカアテン引いとくのを忘れやがつて。
くそ！　おれは明るいと風邪をひく。

製図室。半分出来た製図が云ふ
おいおいみんな　今夜はうちの主人をおどかしてやらうぞ。ちびの主人が帰つて
来ぬうちにさあ。一二三！真白くなつておかうぞ。

仲村渠「明るすぎる月」より

怪談めいた詩です。解剖室の段ではカーテンを「引く」と風邪を「ひく」を掛けています。製図室の段では擬人法（145ページ）で製図自身に「真白くなっておかうぞ」と語らせて、主人をおどろかせてやろうと画策します。書きかけの製図が真っ白になれば、主人が顔面蒼白になる。「白」を掛けた兼用法です。

歌人の枡野浩一は歌集に『5 7 5 7 7　Go city,go city,city!』というタイトルをつけま

した。短歌の音数57577の読みをGo city,go city,city!としているのです。素晴らしい掛詞の書名、さすが歌人です。この歌集は若さゆえの苦悩やセンチメンタルに満ちているのですが、ひとたびGo city,go city,city!と口にすれば何やら前向きな気持ちになります。

もう一つ、面白い作品を紹介します。

「長長御無沙汰しましたと申し度いところ長ら、今日ひるお目にかかった計りでは、いくら光陰が矢の如く長れてもへんですね。長長しい前置きは止めて、用件に移りたいのですけれど、生憎なんにも用事長いのです。止むなく窓の外を長めていると、まっくら長ラス戸の外に、へん長らの着物を着た若いおん長たっているらしいのです。びっくりして立ち上がろうとすると、女は私の方に長し目をして、それきり消えました。私はふしぎ長っかりした気持がしました。同時に二階の庇でいや長りがりと云う音が聞こえました。おん長のぞいたのは、家の猫のいたずらだったのでしょう。秋の夜長のつれづれに、何のつ長りもない事を申し上げました。末筆長ら奥様によろしく」

内田百閒「山高帽子」より

顔の長い男と軽い口論をした主人公が、その腹いせに書いた手紙です。「長」という字を執拗に繰り返していますが、本来の使い方ではない部分にこの字を当てています。例えば「長めていると（眺めていると）」「へん長ら（へんな柄）」「ふしぎ長っかりした（不思議ながっかりした）」などの強引さ。さらに「長」の文字をひっくり返して「がな」と読ませている箇所も注目です。遊びすぎとも言えますが、インパクトのある文を目指すならここまで遊ぶのも手かもしれません。

文例

文学作品

柳宗悦「雑器の美」より

器は**仕へることによつて**美を増し、主は**使ふことによつて**愛を増すのである。

ルイス・キャロル（高杉一郎訳）『ふしぎの国のアリス』より

「ぼくの**身の上話は**、**長くって**かなしいんだよ」

ねずみはアリスのほうをふりむいて、ためいきをつきながらいいました。
「たしかに、あなたの**しっぽは長いわ**」と、アリスはねずみのしっぽをふしぎそうにながめながらいいました。

ポイント 「長い話も長いしっぽも発音は同じロングテールです。」とこの後注釈がついている。

ネーミング

「ケシミン」

ポイント 小林製薬の商品。「消す」と「シミ」を掛けている。

「熱さまシート」

ポイント 小林製品の商品。「熱さまし」と「シート」を掛けている。

練習しよう！

くびき法、掛詞、兼用法を使い、写真に撮られた光景を短い言葉で表現してみましょう。同音の語を使える箇所を探すのがコツです。キャッチコピーやことわざのような短文にしても楽しいでしょう。

10章

言葉の位置を変えて意味を際立たせる

倒置法――大切なことは最後に言う

物事には何でも順序というものがあり、順序立てて行動すると物事がスムーズに進むことが多いかと思います。文章も順序よく組み立てると伝わりやすくなり、その法則性は「文法」と呼ばれます。

小学校では「私は（主語）笑った（述語）」というように、主語のあとに述語を置くのが基本的な語順だと習います。主語と述語の間に修飾語を入れて「私は（主語）思い切り（修飾語）笑った（述語）」と内容を詳しく述べることもあります。これを守ると意味が通じやすい文章となりますが、決まりを守ればなんでもかんでもうまくいくわけではありません。この語順を敢えて入れ替えることで、大切な部分が強調されることもあるのです。
倒置法は語の順序を入れ替えるだけのレトリックです。極めて単純であるにもかかわらず、非常に目を引く技法です。文章は文末にある語が強調されるという特性があるので、言いたいことを最後に持ってくるのが倒置法のコツだと言えるでしょう。

倒置法なし

≫**彼女は裏切ったのだ。**

倒置法あり

≫**裏切ったのだ、彼女は。**

「彼女は」をあとに置くことで、裏切ったのは他でもない「彼女である」と強調されます。修飾部が含まれた文でも、やはり最後に置いた語が強調されます。

倒置法なし

≫**あれだけ誓ったのに、彼女は裏切ったのだ。**

倒置法あり

≫ **彼女は裏切ったのだ、あれだけ誓ったのに。**

「誓ったのに」を最後に置くことで、強い憤りが感じられます。語順により怒りが強調されるのです。

倒置法なし

≫ **私は涙が枯れるまで泣いた。**

倒置法あり

≫ **私は泣いた、涙が枯れるまで。**

倒置法を使うと、泣いたことそれ自体より「涙が枯れるまで」が印象に残ります。涙が出なくなるくらい泣き続けたことが強調されているのです。

戦時下の有名なスローガンに「欲しがりません、勝つまでは」というものがあります。

通常の語順なら「勝つまでは欲しがりません」ですが、倒置法が使われて「勝つまでは」が強調されています。必ず勝つのだという強固な意思を感じます。このスローガンの是非はともかく、深く記憶に刻まれる一文です。

では、文芸作品の例を見てみましょう。


「生物界全体のそういう意識があるわけですね」

「そう考えると一番わかりやすいな」

モンクはまたウィスキーをラッパ飲みした。

「当然人間のそういう意識もあるわけだ」

とソト。

「そうだろうなあ」

「人間って何なんでしょうね、そういう大きな生物全体の意識体の中で」

「ま……鼻つまみだろうね」

二人はそれから無言のまま空の稲妻を眺めていた。明け方まで。

中島らも『水に似た感情』より

生物の擬態や進化について話す中で、ソトは「人間って何なんでしょうね、そういう大きな生物全体の意識体の中で」と言います。

通常ならば「そういう大きな生物全体の意識体の中で、人間って何なんでしょうね」といった語順になるでしょう。しかし敢えて「そういう大きな生物全体の意識体の中で」をあとに置いているのです。それに対しモンクは「鼻つまみ」だと答えました。ここに倒置法が用いられていなければ、モンクはまた違う答えを口にしたかもしれません。

また、二人の会話が終わった後の1行を見てください。普通に書けば「二人はそれから明け方まで無言のまま空の稲妻を眺めていた。」などとなるでしょう。しかし「明け方まで」を切り離し、別の文として行の最後に置いています。読点（、）ではなく句点（。）で別の文にしていますが、これも倒置法と考えてよいでしょう。これにより、二人が空を眺めていたのは「明け方まで」なのだということが強調されているのです。

主語を最後に置いたり修飾部を最後に置いたりなど、文の長さや内容などにより効果的な語順はいくつか考えられるかと思います。そもそも日本語は主語がなくても通じますし、語順が適当でも問題がないことが多い言語です。倒置法を用いることで効果が出るかどうか、どう入れ替えるとより強調できるかなど、実際に入れ替えて確認してみることをお勧めします。

文例

立原道造「またある夜に」より

私らはたたずむであらう　霧のなかに
霧は山の沖にながれ　月のおもを
投箭（なげや）のやうにかすめ　私らをつつむであらう
灰の帷（とばり）のやうに

私らは別れるであらう　知ることもなしに
知られることもなく　あの出会つた
雲のやうに　私らは忘れるであらう
水脈（みを）のやうに

ポイント　私らはたたずむであらう　霧のなかに」など各所に倒置法がみられる。

坂口安吾「二十七歳」より

私はやぶれかぶれになつた。あらゆる生き方に、文学に。

対句法。対照法──決まった構成を繰り返す

剣は柳生、絵は狩野、茶は石州

江戸時代、幕府が重用していた芸道の流派を表す言葉です。剣術の「柳生新陰流」、絵画の「狩野派」、茶道の「石州流」のことを指します。この言葉は「(芸道)の(流派)」という内容を繰り返す構成になっています。同じまたは似たような構成を繰り返して対比させ、意味や印象を際立たせる技法が対句法です。

ほぼ同じ長さで、ほぼ同じ要素の文節が繰り返されることにより、リズムよく文を読むことができます。インパクトも絶大で記憶に残りやすいこともあり、ことわざや格言に多

く見られます。

対句法が使われていることわざの例

色気より食い気
魚心あれば水心
牛は牛連れ馬は馬連れ
鵜の目鷹の目

対句法を使ったことわざの覚えやすさ、力強さ、印象深さは抜群です。リズムよく繰り返されますが、同じ語を繰り返すだけの反復法（70ページ）とは区別されます。対句法は同一語ではなく、同じ属性の語や音が似た語などを並べるところに特徴があります。「何が・どんなだ」「何が・どうして・どうなった」など、文の構造が同じになるように繰り返すのです。

性質上、対句は韻律が整っていることも多いため、歌詞や詩歌にも多く見られます。宮沢賢治の有名な詩を例に見てみましょう。

東ニ病気ノコドモアレバ
行ッテ看病シテヤリ
西ニツカレタ母アレバ
行ッテソノ稲ノ束ヲ負ヒ
南ニ死ニサウナ人アレバ
行ッテコハガラナクテモイ、トイヒ
北ニケンクヮヤソショウガアレバ
ツマラナイカラヤメロトイヒ
ヒドリノトキハナミダヲナガシ
サムサノナツハオロオロアルキ

宮沢賢治「雨ニモマケズ」より

記号の部分がそれぞれ呼応して繰り返されています。多くの人の記憶に残り暗誦されるのも、対句が使われていてこそなのかもしれません。

（A）（B）（C）（D）（E）
≫東ニ　病気ノ　コドモアレバ　行ッテ　看病シテヤリ

（A）（B）（C）（D）（E）
≫西ニ　ツカレタ　母アレバ　行ッテ　ソノ稲ノ束ヲ負ヒ

（A）（B）（C）（D）（E）
≫南ニ　死ニサウナ　人アレバ　行ッテ　コハガラナクテモイ、トイヒ

（A）（B）（C）（E）
≫北ニ　ケンクヮヤソショウガアレバ　ツマラナイカラヤメロトイヒ

（F）（G）
≫ヒドリノトキハ　ナミダヲナガシ

（F）（G）
≫サムサノナツハ　オロオロアルキ

また、同じ構成に整えた文を繰り返して比較し、意味を強調する効果も出せます。これは対句法と区別し「対照法」「対比法」等と呼ばれます。

例えば「姉は美しかった」と述べるとしましょう。

対照法なし

≫姉は美しかった。

対照法あり

≫妹は性格が良く、姉は美しかった。

妹と対比させたことで「姉妹」としての絵が浮かび、印象に残ります。また、姉は美しいものの性格はほめられるものではなく、妹はその逆であることも読みとれます。対比することでインパクトを強めると共に、文字になっていない事実をも伝えることができるのです。形を揃えて統一することで、形そのものが目立たなくなり意味合いが表面に出てくるのです。

対比するときには対義語を置くと意味が際立ちますが、対義関係は曖昧なものです。例えば「美しい」の対になる語は「醜い」とは限りません。「可愛い」「賢い」などの誉め言葉の場合もあります。「妹はチャーミングで姉は美しかった」「妹は朗らかで姉はしとやかだった」など、反対語にこだわらずいろいろ試してみるとよいかと思います。

文学作品に例を求めましょう。

私は今も嘲笑ふであらうか。私は讃美するかも知れぬ。いづれも虚偽でありながら、真実でもありうることが分るので、私はひどく馬鹿々々しい。

（中略）

「片思ひなの？」

娘は私の顔をのぞいた。それは、優しい心によつて語られた、愛情にみちた言葉であつた。恨む心はミヂンもなく、いたはる心だけなのだ。私は答へる言葉もなく、答へたい心もなかつた。

坂口安吾「二十七歳」より

戦争中、恋人を亡くした作者の身辺雑記です。冒頭で「嘲笑ふ」と「讃美」、「虚偽」と「真実」という両極端な言葉を対比させたあと、本題に入っていきます。中盤で、彼女との関係は片思いなのかと問われます。作者は「答へる言葉もなく、答へたい心もなかつた。」と対になる言葉を並べてその時の気持ちを表しています。

文例

ことわざ

頭隠して尻隠さず
遠くの親類より近くの他人
朝に紅顔ありて夕べに白骨となる
頭でっかち尻つぼみ
当たるも八卦当たらぬも八卦
二兎を追うものは一兎をも得ず
歌は世につれ世は歌につれ
売り言葉に買い言葉
瓜に爪あり爪に爪なし
病は口より入り禍は口より出ず
焼け野の雉子(きぎす)夜の鶴
無理が通れば道理が引っ込む

キャッチコピー

「おいしいを、ずっと。あたらしいを、もっと」

ポイント ケンタッキー・フライドチキンのキャッチコピー

「人を、想う力。街を、想う力。」

ポイント 三菱地所のキャッチコピー

「何も足さない。何も引かない。」

ポイント サントリー山崎のキャッチコピー

文学作品

三好達治「測量船——雪」より

太郎を眠らせ、太郎の屋根に雪ふりつむ。
次郎を眠らせ、次郎の屋根に雪ふりつむ。

練習しよう！

倒置法、対句法、対照法を使い、絵の状況について述べましょう。人々の表情、服装や持ち物などの要素があります。登場人物になり切って、想像した物語を膨らませてもいいでしょう。

『江戸三美人・富本豊雛、難波屋おきた、高しまおひさ』（喜多川歌麿筆／東京国立博物館所蔵／「ColBase」収録 https://colbase.nich.go.jp/collection_items/tnm/A-10569-619?locale=ja）

11章

音や流れを整えて ドラマティックに

擬声語——状態を音に託す

≫「この道をビューッと行って、ドンッと突き当たったところをキュッと右に曲がったら、ボコボコボコッと見えてくる団地に住んでます」

大阪の人に道案内をさせるとこんな風になるなどと冗談めかして言われます。カタカナで表記した部分は擬声語と呼ばれ、状態や感情や音などを表現するときに使われます。オノマトペという呼び名でも知られています。

擬声語で「この道をビューッと行って」と聞くと直線コースが長そうだと想像できます

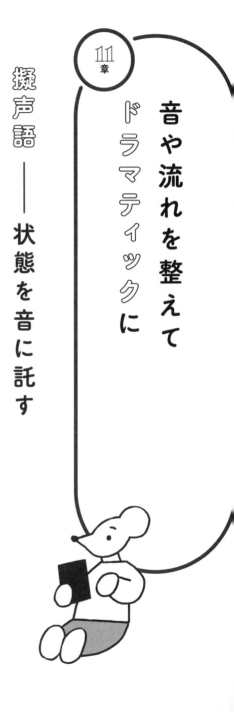

し、「キュッと曲がる」地点は直角か鋭角、少なくとも鈍角の曲がり角ではないのだろうとイメージできます。「グイーンと曲がって」と言えば、U字カーブのような道を想像するのではないでしょうか。

擬声語を使うと物事を具体的に表すことができ、イメージが生き生きと脳裏に浮かびます。年齢や言葉の壁を越えて伝えることも可能となるでしょう。リズムや流れを感じる文にもなります。しかしその反面、幼児性が高い文章になってしまいます。

三島由紀夫は『文章読本』（中公文庫）の中で「擬音詞は日常会話を生き生きとさせ、それに表現力を与えますが、同時に表現を類型化し卑俗にします。」と擬声語を否定しています。これに対し井上ひさしは『私家版 日本語文法』（新潮社）において「あることがらをできるだけ委（くわ）しく、生き生きと、そして具体的に語って、聞き手や読み手を自分のつくった世界に引き摺り込みたいなら、擬音語や擬態語をどしどし使って構わないのだ。」と擬声語を肯定する立場をとっています。確かに、具体的＝低俗ということなのかもしれませんが、具体的であるほど読み手を自分の世界に引き込みやすくもなるでしょう。自分の書く文を誰に届けたいのか、どのような読者を想定しているのかなどを踏まえ、擬声語と上手に付き合っていきたいものです。

擬声語を詳しく見ていきましょう。擬声語は聴覚的な音を表現した「擬音語」と、聴覚的なもの以外を表現した「擬態語」に分けられます。

擬音語……聴覚的な音の表現

雨がぱらぱら降る
鍋がぐつぐつ煮える
とんとんとんと階段を上る
笹の葉さらさら

擬態語……聴覚的なもの以外の表現

肩をがくりと落とす
ぬめぬめしたなめくじ
心配ではらはらした
こってりした味

擬音語と擬態語に分けられるとはいえ、この区分は曖昧なものです。例えば、「この道をビューッと行く」は一見擬態語のようですが、走っていくのなら風を切る音だと言えなくもありません。「雨がぱらぱら降る」も音を表しているように感じますが、実際に耳を傾けたとき「ぱらぱら」と聞こえるでしょうか。雨自体に音があるのではなく、雨を受け止めるものの材質により音は変わります。「ぱらぱら」は「音」を率直にあらわした擬音語でもあり、「状態」を表した擬態語でもあるのです。このように擬音語か擬態語かの線引きは曖昧ですので、区分にはこだわらず進めていきたいと思います。

少し変わったものや人目を引きそうな擬声語の例を紹介します。

〜〜 春の海　終日(ひねもす)のたり〱哉(かな)　　与謝蕪村 〜〜

蕪村の有名な句です。海面の様子を表した擬態語なら「ザザー」といったものが一般的でしょうが、蕪村は春の海がゆっくりうねるさまを「のたり〱」と表現しています。生き物がうごめいているかのようです。人間がだらだらと過ごしているさまのようにも感じられます。生物を連想させるような描写を蕪村は敢えて海に使ったのです。「のたりのたり」という擬態語が使われていなかったとしたら、この句の知名度は全く違ったものになったことでしょう。

サーカス小屋は高い梁
　そこに一つのブランコだ
見えるともないブランコだ
頭倒さに手を垂れて
　汚れ木綿の屋蓋のもと
ゆあーん　ゆよーん　ゆやゆよん

中原中也「山羊の歌――サーカス」より

中原中也の代表作の一つ「サーカス」です。「ゆあーん　ゆよーん　ゆやゆよん」はサーカスのブランコがゆれる様子を表したものだと言われています。この不思議な音は、サーカスといういわば異世界の空間にあるブランコの揺れるさまにしっくりきます。

揺れる擬声語で一般的なものは「ゆらゆら」や「ふらふら」でしょうか。「ふら」を例に少し細かく見ていきましょう。リボンやひもが風に揺れているところを想像してみてください。「ふらふら」は軽く揺れている印象です。「ふらーふらー」と伸ばしてみると、揺れがゆっくりになりました。「り」をつけて「ふらりふらり」とすると、少し速度が出ます。

速度が出た分、長いひもが少したわんでいるようなイメージも生まれます。「ん」をつけて「ふらんふらん」とすると、少し力強くなります。

濁点をつけて「ぶらぶら」とすると、重みが出ます。これを伸ばすと「ぶらーぶらー」となり、重いものがゆっくり揺れているイメージになります。「ぶらりぶらり」は速度が、「ぶらんぶらん」は力強さが出ます。

このように擬音語はいくつかの活用が考えられます。元の語に濁点を付けたりのばしたりして変化を取り入れてみましょう。大抵の語は濁点をつけると重いイメージとなり、半濁点でユーモラスな印象となります。音を伸ばすとスローに、「り」を入れると速度が出て、「ん」をつけると力強さが生まれます。いろいろ試してみてください。

濁音の力強さを感じる擬声語が使われている作品です。

どっどどどどうど　どどうど　どどう、
ああまいざくろも吹きとばせ
すっぱいざくろもふきとばせ
どっどどどどうど　どどうど　どどう

宮沢賢治『風野又三郎』より

宮沢賢治は独自のオノマトペを多く残したことで知られています。この作品でも冒頭から「どっどどどどうど　どどうど　どどう」と力強く風を表現。ただならぬ風であることが予想される擬声語です。こんな風の強い日に、神の子だと噂される少年又三郎が転校してくるのです。

最後にもう一つ、擬声語のみで作られた絵本を紹介します。谷川俊太郎の『もこもこもこ』(文研出版)、子どもにも大人にも大人気の一冊です。通常の文章は一文も使われず、オノマトペのみで構成されているのです。

空となにもない地平線、そして「しーん」という音で物語は始まります。ページをめくると地面の一部が半円上に盛り上がり「もこ」。次のページではそれが成長し「もこもこ」、となりにはキノコのような小さな突起が「にょき」と現れます。

この2つは成長し、食べたり食べられたり、分裂したり、別のものが生まれたりしながら話が進んでいきます。使われる言葉は馴染みのあるシンプルな擬声語のみで、創作性のある特殊な擬声語は見当たりません。中也や賢治が創作したような個性的な擬声語も素敵ですが、使いなれた擬声語でも優れた作品を生み出すことが可能であると、この作品は教えてくれます。

文例

森鷗外「ヰタ・セクスアリス」より

裔一は平べったい顔の黄いろ味を帯びた、**しんねりむっつり**した少年で、漢学が好く出来る。

ポイント　しんねりむっつり…無口で陰気な様子を表す擬声語

内田百閒「私塾」より

頬骨から下が、**すことん**と肉がそげて、口が少し突き出て居る。

古川緑波「古川ロッパ日記」より

大阪屋のポタージュとハヤシライスを食って、**おねく**してるともう夜の『芝居』が開く。

ポイント　口の中のものを飲み込まずにあちこちに動かしているさま

楠山正雄「桃太郎」より

ある日、おばあさんが、川のそばで、せっせと洗濯をしていますと、川上から、大きな桃が一つ、

「**ドンブラコッコ、スッコッコ。**
ドンブラコッコ、スッコッコ。」

と流れて来ました。

宮本百合子「透き徹る秋」より

春先、まだ紫陽花の花が開かず、鮮やかな萌黄の丸い芽生であった頃、青桐も浅い肉桂色のにこげに包まれた幼葉を瑞々しい枝の先から、**ちょぽり、ちょぽり**と見せていた。

浄瑠璃「一心五戒魂」

そりゃ湯から上臈（じょうろう）があがられて、**しゃらりしゃらり**と歩まるる。

ポイント しなやかで色気のある様子

二葉亭四迷『浮雲』より

情談のどさくさ紛れに**チョックリチョイ**といって除けることのできない文三

ポイント 気楽にたやすくできるさま

列叙法（れつじょほう）——積み重ねると生まれる迫力

》「私のどこが好き？」

「全部だよ」

「……全部って例えばどこ？」

こんな会話をどこかで見たことはありませんか。自分のどこが好きなのか聞きたがる人と、答えに困って全部だと答えてしまう人。その答えでは相手を納得させられず、更に追及されてしまう——。「全部」というのは嘘ではないのでしょうけれど、それでは説得力に欠けるのです。本当に全部わかってるの？　じゃあどこよ？　と聞き返したくなるわけです。

よく気が付く、優しい、笑顔がかわいい、親孝行、料理が上手、仕事ができる、たまに怒るところもいい……などと具体的に挙げればたちまち真実味が出てきます。数が多ければ多いほど熱意も感じられるようになります。このように言葉を積み重ねて説得力や迫力を生み出す技法を列叙法と呼びます。

列叙法を使った有名なことわざに「地震雷火事親父」というものがあります。世に言われる怖いものを並べたことわざです。ことわざの辞書をひくと「怖いものの順に並べてある」と記載されています。家父長制が崩れた現代では「親父」がここに入ることに違和感を覚えますが、昔は震え上がるほど怖いものだったのでしょう。

古典文学に例を求めましょう。枕草子には列叙法を盛り込んだ文が多く見られます。山について書かれた第十一段を見てみましょう。

山は　小倉山。三笠山。このくれ山。わすれ山。いりたち山。かせ山。ひえの山。かさとり山こそは、いかならむとをかしけれ。いつはた山。のち瀬山。かさとり山。

ひらの山。床の山は、「わが名もらすな」と御門のよませたまひけむ、いとをかし。

清少納言「枕草子」より

山の名を積み重ねた列叙法です。「いかならむとをかしけれ（どんなであろうと考えると面白い）」「よそに見るぞをかしき（遠くから見るのもまた面白い）」などの所感がところどころに入っていますが、ほぼ山の名だけで書き上げられた段です。山という大きな存在を積み重ねることで独特の迫力が生まれています。

列叙法は同じテーマでくくれるものを並べることが特徴ですが、単語を羅列するだけではなく文章を積み上げていく場合もあります。

谷川俊太郎の詩作品を紹介します。

色

谷川俊太郎

希望は複雑な色をしている
裏切られた心臓の赤
日々の灰色

くちばしの黄色
ブルースの青にまじる
褐色の皮膚
黒魔術の切なさに
錬金術の夢の金色
国々の旗のすべての色に
原始林の緑　そしてもちろん
虹のてれくさい七色

絶望は単純な色をしている
清潔な白だ

タイトル「色」のとおり、さまざまな色が出てきます。「希望は複雑な色」だとし、複雑な色とその背景が並べられていきます。そして次の節では絶望は白だと言い放たれ、きっぱりと潔く終わるのです。色が並べられているだけであるにも拘（かか）わらず、なんと多くのことを感じさせてくれる作品なのでしょうか。たくさんの複雑な色は隣の行に置かれた色と交じり合い、さらに複雑で深い色となっています。

五郎さんは夢中になって硯箱(すずりばこ)の抽出(ひきだし)から印(いん)を出して、郵便屋さんに押してもらって、小包を受け取りました。鼻を当て嗅いでみると、中から甘い甘いにおいがしました。

五郎さんはもう夢中になって、鋏を持って来て小包を切り開いて見ると、それは思った通りお菓子で、しかも西洋のでした。……ドロップ、ミンツ、キャラメル、チョコレート、ウエファース、ワッフル、ドーナツ、スポンジ、ローリング、ボンボン、そのほかいろいろ、ある事ある事……。

夢野久作「お菓子の大舞踏会」より

主人公の五郎の年齢は明かされていませんがおそらく小学生でしょう。お菓子を禁止されていた五郎のもとに、差出人不明のお菓子の詰め合わせが届きました。列叙法で書かれたお菓子の名。箱にぎっしり詰められた華やかなお菓子が目に浮かびます。

そして五郎はお菓子を全て食べつくし、その夜――。

「プーカプーカ、チョコレート
プーカプーカ、ローリング
ミンツ、ワッフル、キャラメル、ウエファース
ドーナツ、スポンジ、ボンボンボン

太鼓の響はボンボンボン
ピアノのひびきがローリング
ウエファースと歌い出す
ドロップドロップ踊り出す
ワッフルワッフルはやし立て
キャラメルキャラメル笑い出す
足どりおかしくチョコレート
スポンジスポンジ飛び上る
そこで五郎さんのポンポンが
ミンツミンツ痛み出す」

夢野久作「お菓子の大舞踏会」より

腹の中でお菓子たちが暴れ出し、苦しむ羽目になります。お菓子の名前が擬声語（●ページ）となって列叙され、お祭りのような賑やかさで文章が彩られています。

文例

国木田独歩「武蔵野」より

すなわち木はおもに楢の類で冬はことごとく落葉し、春は滴るばかりの新緑萌え出ずるその変化が秩父嶺以東十数里の野いっせいに行なわれて、春夏秋冬を通じ**霞に雨に月に風に霧に時雨に雪に、緑蔭に紅葉に、**さまざまの光景を呈するその妙はちょっと西国地方また東北の者には解しかねるのである。

（中略）

鳥の羽音、囀る声。風のそよぐ、鳴る、うそぶく、叫ぶ声。叢の蔭、林の奥にすだく虫の音。空車荷車の林を廻り、坂を下り、野路を横ぎる響。蹄で落葉を蹶散す音、これは騎兵演習の斥候か、さなくば夫婦連れで遠乗りに出かけた外国人である。

兼常清佐「流行唄」より

——流行唄はラジオの国民歌謡のようなものではない。**流行唄には気分と感情がある。やさしさがある。なつかしさがある。暖さがある。捉われないものがある。強いられないものがある。**二十四時間の周期で必ず私共の耳にはいって来る規律的な、計画的な音楽などは、どうも流行唄という事からは縁が遠い。また私も国民歌謡が非常に流行しているという話を聞いた事がない。

志賀直哉「雪の日」より

わざと廻り路（みち）をして鉄道線路の方へ出た。乾いた所に降り出したので、雪は片端（かたっぱし）から積る。**屋根も、道も、木も、藪も、畑も、鉄道線路も、枕木の柵も、**見る見る白くなって行った。

有島武郎「カインの末裔」より

帳場は妻のさし出す白湯の茶碗を受けはしたがそのまま飲まずに蓆の上に置いた。そしてむずかしい言葉で昨夜の契約書の内容をいい聞かし初めた。**小作料は**

三年ごとに書換えの一反歩二円二十銭である事、滞納には年二割五分の利子を付する事、村税は小作に割宛てる事、仁右衛門の小屋は前の小作から十五円で買ってあるのだから来年中に償還すべき事、作跡は馬耕して置くべき事、亜麻は貸付地積の五分の一以上作ってはならぬ事、博奕をしてはならぬ事、隣保相助けねばならぬ事、豊作にも小作料は割増しをせぬ代りどんな凶作でも割引は禁ずる事、場主に直訴がましい事をしてはならぬ事、掠奪農業をしてはならぬ事、それから云々、それから云々。

漸層法
積み上げた語はクライマックスへと

列叙法（254ページ）の一種に漸層法があります。漸層法は英語で「climax（クライマックス）」の言葉が当てられます。ここでのクライマックスとは最終章ではなく階段や梯子などのこと。漸層法とは、一段ずつ階段を上るように場面を盛り上げていく技法なのです。言葉や文章を積み上げていくところは列叙法と同じですが、漸層法は段階を追って大きさや力を変化させながら核心に近づいていくのです。列叙法は同種のもの同列のものを並べ、漸層法は順を追って並べます。結論に向かって流れをつくるため相手を説得する力に長けていて、セールストークなどにも使われます。

例えば、テレビで放送されているショッピング番組を思い出してみてください。洗剤を売っている番組だとしてみましょう。いかに汚れがよく落ちるのか見せるために、段階的にその力を見せていくのが常でしょう。最初は軽い泥汚れ、次にコーヒー、口紅の汚れ、そしてねっとりした油汚れ……。視聴者は番組を見ながらすっかり魅了され「すごーい」と声をあげているかもしれません。早速電話を手に取っているかもしれません。もしこれが、段階を追わずにねっとりした油汚れだけを落とす構成だとしたら、販売個数はおそらく変わることでしょう。漸層法はこれを文章で表したようなものです。少しずつ積み上げているからこそ、効果があるのです。

さて、文学作品を例に見てみましょう。

秋がだんだん闌(た)けてゆくにつれて、紺碧の空は日ましにその深さを増し、大気はいよいよその明澄さを加へてくる。月の光は宵々ごとにその憂愁と冷徹さを深め、虫の音もだんだんとその音律が磨かれてくる。かうした風物の動きを強く深く樹心に感じた木犀が、その老いて若い生命と縹渺（ひょうびょう）たる想とをみづからの高い匂にこめて、十月末の静かな日の午過ぎ、そのしろがね色の、またこがね色の小さな数々の香炉によつて燃焼し、燻蒸しようとするのだ。匂は木犀の枝葉にたゆたひ、匂は木犀の東にたゆたひ、匂は木犀の西にたゆたひ、匂は木犀の南にたゆたひ、匂はまた木犀の北にたゆたひ、はては靡（なび）き流れて、そこともなく漂ふうちに、あたりの大気は薫化せられ、土は浄化せられようといふものだ。

そして草の片葉も。土にまみれた石ころも。やがてまた私の心も……

薄田泣菫「木犀の香」より

木犀の時期になるとどこからか漂ってくる香りにハッとさせられる人も多いことでしょう。引用部の前半では秋が深まってくる様子が段階的に述べられ、木犀が開花するクライマックスに入っていきます。後半は開花した木犀の香りが次第に漂っていく様子です。まずは木犀の枝葉にたゆたっていた匂いが、東に西に南に北に……と広がり、やがて心まで浄化されるというプロセスが階段を上るようにドラマティックに展開されています。引用部全体でひとつの漸層法だとも言えますし、前半と後半で二回の漸層法が使われているとも言えるでしょう。

そもそも物語や随筆は作品全体の構成が漸層法だとも言えます。クライマックスに向かって段階を追って文章を積み上げていく。その大きな流れの中に、各場面を盛り上げる小さな漸層法が複数織り込まれているようなイメージです。クライマックスや頂点をまず決めて、そこに向かって文章を構成していくと書きやすいかもしれません。

私が之から述べようとする恐ろしい事柄は、あなたにまんざら関係なくはないのです。否、あなたこそ私をかくも苦しめた人という事すら出来るのです。そうして又、あなたでなければ私の苦しい気持は、わかってくれないに違いありません。だから私は一方にはあなたを恨みます。呪います。然し同時に私はあなたに嘆願します。すがります。あの何にも比するもののない程濃（こまや）かだった友情の名に於て、あなたはどうか私の云う事を信じて下さい。

浜尾四郎「悪魔の弟子」より

主人公「私」が犯罪者となってしまったのは、自分に多大なる影響を与えた「あなた」に原因があるとして物語が始まります。「あなたを恨む」→「呪うが同時に嘆願」→「すがる」と段階的に述べられています。そして、友情の名に於いて私の言うことを信じてくれという、クライマックスにつながっていくのです。また、あなたにも関係あることなのだと述べている1〜2行目も、すでに漸層法の一部だとも言えます。

文学作品の漸層法を見てしまうとハードルの高いレトリックだと感じるかもしれませんが「いいよ。いいったら。もうやめて。ほっといて！」など、語調を強めていくだけでも漸層法ですので、このような短文から挑戦してみるのも良いかもしれません。

漸層法は階段を上るように結論に向かっていく技法ですが、結論に向かって階段を下りていく逆漸層法もあります。一段ずつ階段を下りていき、最後に落ちをつけるのです。

≫**金もないし、家もない。友達もいなければ、家族もペットもいやしない。あるのは借金ばかりである。**

この例では「ない」「ない」「ない」……と続けておいて最後に「ある」で落ちをつけました。どんどん下りていくという性質上、自虐ネタに向いています。他者について逆漸層法で書けば嘲りや見下しになりますが、自分のことを書けば滑稽でユーモアのある文となるのです。

逆漸層法で書くには、似た意味合いの言葉の群れを作ったり、逆の言葉で落とすことを意識してみてください。文学作品ではこのように書いています。

ブンの決心はダイヤモンドや大理石より、それどころか、ついてから一か月たったお餅よりかたそうだった。

井上ひさし『ブンとフン』より

大泥棒のブンは、自分の身を犠牲にしてフン先生を助けようとします。そんなことはやめろとフン先生は止めましたが、聞く耳は持ちません。彼の決意が固いことを述べるためにダイヤや大理石などの固いものを並べたあと「ついてから一か月たったお餅」というユーモアで締め、オチをつけています。

漸層法で場面を美しく展開したり逆漸層法で滑稽な自分を見せたりなど、テーマやモチーフに応じて使い分けたいものです。

文例

マルセル・プルースト（井上究一郎訳）『失われた時を求めて』より

何かがあたったように、窓ガラスに小さな音が一つ、つづいて、上の窓から人が砂粒をまいたかのように、ゆたかな量感の、さらさらとした落下、ついでその落下はひろがり、そろって、一つのリズムをおび、流となり、ひびきとなり、音楽となり、無数にひろがり、くまなく四面に満ちた、――雨だった。

ポイント 結論「雨だった」に向かって、小さな場面の描写が積み上げられている。漸層法。

夢野久作「若返り薬」より

「それは坊ちゃん、大変ですよ。この丸薬は一粒飲むと一年、二粒飲むと十年、三粒飲むと百年、四粒飲むと千年、五粒飲むと一万年生き延びるのです。もし今日あなたのお祖父様が御病気になられて、この薬を飲みたいと云われたらどうなさいます。そうしてこの薬がないためにお祖父様が亡くなられたらどうなさいます。あなたはお祖父様のお命を取ったも同然ではありませんか。そんな大切なお薬を雀の生命を取るために使うなぞと、まあ何という乱暴な坊ちゃんでしょう。私はあなたのような方にこの薬をお返し申す訳に参りません」

ポイント 丸薬の効果と祖父のことが漸層法で述べられている。

夏目漱石「草枕」より

この故に無声の詩人には一句なく、無色の画家には尺縑なきも、**かく人世を観じ得るの点において、かく煩悩を解脱するの点において、かく清浄界に出入し得るの点において、またこの不同不二の乾坤を建立し得るの点において、我利私慾の羈絆を掃蕩するの点において、——千金の子よりも、万乗の君よりも、あらゆる俗界の寵児よりも幸福である。**

ポイント 反復しながら結論に向かう漸層法。

薄田泣菫「艸木虫魚　茶の花」より

茶は眼にとっては色である。鼻にとっては香である。身にとっては触である。舌にとっては味である。この四のものは皆茶の正性ではない。これを合せばあるが、これを離せばなくなってしまう。

ポイント 反復しながら結論に向かう漸層法。

花田清輝「人生論流行の意味」より

もともと人生というやつはつまらないものだが、人生論というやつは、それに輪をかけてつまらない。人生論以上につまらないものは、――さあ、ちょっとおもいあたりませんが、たぶん、その人生論の著者でしょうね。

ポイント 「つまらない」を重ね、最後にオチをつける逆漸層法。

練習しよう！

擬声語、列叙法、漸層法を使って、写真の光景を表現してみましょう。海や船など目で見えるもの、光や風など体で感じるもの、虫や鳥の声など耳で聞こえるものなど、いろいろな要素があります。音で具体的にしたり、言葉を積み上げて迫力を出したりなど、生き生きとドラマティックに書きましょう。

12章

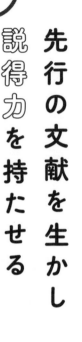

先行の文献を生かし説得力を持たせる

明示引用・引喩——有名な文章を味方につける

自分の話をするためや自分の論を展開するために、他人の文章や言葉を引いてくることを「引用」と言います。偉人の言葉や有名なことわざなどを引くと、自分の言葉だけで話したときよりも説得力が出ます。

明示引用なし

≫「分からないことはなんでも聞いた方がいいよ」

明示引用あり

≫「わからないことは聞いた方がいいよ。『聞くは一時の恥、聞かぬは一生の恥』というでしょう？」

例文のように、その文や言葉が明らかに引用だとわかる使い方を「明示引用」と言います。「昔から『孝行したいときに親はなし』と申しますが……」「論語に『巧言令色、鮮なし仁』とありますように……」など、スピーチ等でもよく耳にすることと思います。ことわざ辞典や名言集などを開けば、使える言葉がたくさん見つかることでしょう。

文学作品では明示引用をどのように使っているでしょうか。

お話もずつと古くなりますと、かえつて新しく聞かれるものとよく申しますが、これはわたしのうら若い大正二年の春、欧州劇壇視察の目的で渡欧致しました時のことでございます。

森律子「三度會つた巡査」より

話は古くなるとかえって新しく感じられる、という一般論を明示的に引用しています。これから記す話は古いものだが、それが逆に面白いのではないか、と言っているのです。

もうひとつ、長文での例を見てみましょう。


ところで僕のような我がまま者には、自己を抑制することが出来ない上に、利害交換の妥協ということが嫌ひなので、結局ひとりで孤独に居る外はないのである。ショーペンハウエルの哲学は、この点で僕等の心理を捉へ、孤独者の為に慰安の言葉を話してくれる。ショーペンハウエルの説によれば、詩人と、哲学者と、天才とは、孤独であるように、宿命づけられて居るのであって、且つそれ故にこそ、彼等が人間中での貴族であり、最高の種類に属するのださうである。

（中略）

だがそれだけまた友が恋しく、稀れに懐かしい友人と逢った時など、恋人のやうに嬉しく離れがたい。「常に孤独で居る人間は、稀れに逢ふ友人との会合を、さながら宴会のやうに嬉しがる」とニイチェが言ってるのは真理である。

萩原朔太郎「僕の孤独癖について」より

デカダンで知られた萩原朔太郎が、自身の孤独癖をショーペンハウエルやニーチェの言葉を引いて分析しています。このように、哲学者はもちろんのこと、あらゆる分野で名高い人物の言葉は明示引用に適しています。

明らかに示す「明示引用」に対し、暗に示す引用「暗示引用」もあります。これは「引喩」という呼び名で知られています。まずはこちらをご覧ください。筒井康隆の長編小説です。

「あなたはいつもわたしの言うことを、柳の耳に念仏馬に風と聞き流しているだけだ」第一助手はおかまいなしにわめき続けた。「今度言うことを聞いてくれなければ、わたしはここをやめる」

筒井康隆『脱走と追跡のサンバ』より

「柳の耳に念仏馬に風」の語に注目してください。字面があまりにも自然すぎて、読み飛ばしてしまいそうなくらいですが、もともとの慣用句は「馬の耳に念仏」「柳に風」です。四字熟語「馬耳東風」にも掛けているのでしょう。似たような意味をもつ3つの言葉を合わせているのです。

引喩はこのように意味をほのめかしながら引用する技法です。その言葉が暗に意味するものを読者に読み取らせるのです。読者に読み取って欲しいわけですから、大原則としてベースの語が広く認知されていなければなりません。全く知られていないような専門的な言葉を使っても、意味することを伝えることはできないからです。有名な文章の他、大きな事件や社会現象などをベースにする場合もあります。

もうひとつ例を見てみましょう。

小松くん、あのポスターの『関東大衆演劇界の名門』という惹句（じゃっく）は嘘じゃないんだよ。一時は飛ぶ鳥どころか飛行機だって落としかねない勢いでな、わしらも、あの人にはずいぶん儲けさせてもらったものだ。

井上ひさし『モッキンポット師の後始末』より

慣用句「飛ぶ鳥を落とす勢い」をベースにした引喩が使われています。「飛ぶ鳥どころか飛行機だって落としかねない勢い」――飛行機を落とすほどですから、猛烈な勢いだということが分かります。誰もが知っている言葉を選んでいるからこそ、言いたいことが伝わるのです。

このようにことわざや慣用句をベースにした引喩なら気軽に挑戦できそうです。是非いろいろ試してみてください。

ことわざ・慣用句		引喩例
≫「仏の顔も三度まで」	↓	「仏じゃないから三度も許さない」
≫「三度目の正直」	↓	「三度目の正直ならぬ五度目の正直」
≫「天は二物を与えず」	↓	「天は彼に二物も三物も与えたもうた」

古川緑波の随筆「**甘話休題**」はタイトルが引喩となっています。食道楽の緑波が甘いもの、特に洋菓子についての思いを書き連ねた随筆です。タイトルの元の四字熟語は言うまでもなく「閑話休題」、それまでしていた無駄な話（閑話）を終わらせ話を本題に戻すときに使う言葉です。緑波にとって甘話は閑話ではなく本題だとは思いますが、ともかく甘味に対する愛を感じるタイトルです。

文例

宮本百合子「獄中への手紙」より

二兎を追うべからず、というのは生活の上でも二筋はかけられないという真理をつたえているわけね。

ポイント　諺の明示引用

江戸川乱歩「黄金仮面」より

令嬢さえ取返せば、明智の目的の一半は達したのだ。**欲ばって二兎を追うよりも、一先ず不二子さんを大鳥家に連れ帰る**のが上分別だ。

ポイント　諺の引喩

福沢諭吉「学問のすすめ」より

畢竟（ひっきょう）この輩の学者といえども、その口に講じ、眼に見るところの事をばあえて非となすにはあらざれども、事物の是（ぜ）を是とするの心と、その是を是としてこれを事実に行なうの心とは、まったく別のものにて、この二つの心なるものあるいは並び行なわるることあり、あるいは並び行なわれざることあり。**「医師の不養生」といい、「論語読みの論語知らず」という諺もこれらの謂ならん。**

ポイント　諺の明示引用

冬は殊に風邪を引く憂いがあることだけれども、**「風流は寒きものなり」と云う斎藤緑雨の言の如く、**あゝ云う場所は外気と同じ冷たさの方が気持がよい。

谷崎潤一郎「陰影礼讃」より

ポイント　斎藤緑雨の言葉の明示引用

日本の料理は食うものでなくて見るものだと云われるが、こう云う場合、私は見るものである以上に瞑想するものであると云おう。

ポイント　周知の事実を明示引用

発句は芭蕉か髪結床の親方のやるもんだ。数学の先生が**朝顔やに釣瓶をとられてたまるものか。**

夏目漱石「坊ちゃん」

ポイント　江戸時代の加賀千代女の俳句の引喩

「友がみな、われよりえらく見ゆる日よ。花を買い来てしたしむ妻もおれにはおらんのだ」

筒井康隆『文学部唯野教授』より

ポイント　石川啄木の短歌の引喩

パロディ。文体模写――愛のあるユーモアで真似る

引喩（272ページ）の一種にパロディがあります。引喩との明確な線引きはできませんが、模倣により茶化した作品がパロディと呼ばれます。嘲笑、揶揄、批判などの目的で模倣されたものもパロディと呼ばれます。文章だけでなく、絵画や音楽など、あらゆる創作物でパロディの技法は用いられます。パロディもやはり引喩と同様、元の作品を知っているからこそ成り立つため、周知の事実や著名な作品などをベースにする必要があります。

パロディの分かりやすい例を見てみましょう。元の作品がなんなのか考えてみてください。井上ひさしの小説『ブンとフン』に出てくる怪盗、俳助の作品です。俳助は盗んだ後に俳句や和歌を残してくるという怪盗なのです。

盗めども盗めども
わが暮し　楽にならざる
じっと　手を見る

井上ひさし『ブンとフン』より

どうでしょうか。……すぐ分かりますね。石川啄木の有名な短歌が元の作品です。

はたらけど
はたらけど猶(なお)わが生活(くらし)楽にならざり
ぢっと手を見る

石川啄木『一握の砂』より

パロディと近い位置にあるのがオマージュ作品です。さらに、パクリ作品と呼ばれるものも引き合いに出されることがあります。一言でいうならパロディはユーモアあふれる作品、オマージュは敬意を表した作品、パクリは盗作です。先行の作品と似ている表現があったとき、パロディかオマージュか盗作かという論争が出てくることを考えてもわかるように、言葉のとらえ方や感じ方は人それぞれです。下敷きにした作品に対する気持ちが嘲笑なのか敬意なのかは、作者本人のみぞ知るところ。白黒つけるのは難しいですが、おおよそ次のようなことを目安に考えればよいのではないでしょうか。

パロディは模倣がバレることを前提としています。元の作品に気づいてもらえないと、パロディとしての面白さが伝わらないからです。例にあげた俳助の作品も、誰もがパロディだと気づくように書かれています。模倣ではあるものの、独自の作品として創作し、笑いまで昇華させている。これがパロディの特徴です。

オマージュも元作品に気づいてもらわなくては敬意も伝わりません。登場人物や舞台を同じにするなどわざと同一の設定を敷いた上で、独自の視点や切り口でもってオリジナルの創作がなされることが多いでしょう。

パクリ、つまり盗作はアイディアを盗むことです。自分のアイディアであると偽り、先行の作品やアイディアをそのまま使ったものを指します。

もう少し話を広げますと、似た位置づけに「翻案」「再話」もあります。既存の作品を原作とし、特徴（テーマ、背景、名前など）をあえて残しつつ、新たな作品としたものです。例えば芥川龍之介の『杜子春』は中国の伝記小説『杜子春伝』、『羅生門』は『今昔物語集』の「羅城門登上層見死人盗人語第十八」の翻案です。森鷗外の『山椒大夫』は説経節（せっきょうぶし）の「さんせう太夫」が元となっています。

》パロディ…模倣だと分からせた上で諷刺化、滑稽化したもの
》オマージュ…敬意をこめて新たな視点で創作したもの
》パクリ（盗作）…アイディアを盗んで自分の作品だとしたもの
》翻案…原作の特徴をあえて残し、再構築したもの

しかし、パロディやオマージュだから法的に問題ない、などと言うことは決してありません。いずれにしても作者は著作権侵害とされるリスクを負うことになるのです。適法なパロディ作品か否かは法律が判断する問題であり、ここで論じることではありません。いずれにせよ、似た設定の作品を書く場合は注意が必要です。

また、特定の文章や作家の文体を真似て書く技法で、文体模写も近い位置にあります。

ユーモアたっぷりにパロディとして書くこともできますし、オマージュとして敬意を表することもできます。

ユーモアたっぷりに書かれた文体模写の作品を紹介します。

「よし、できたぞ」

エヌ氏は得意げな表情で顔をあげた。手には白い四角形の箱をもっていた。

「わたしの計算が正しければ、お湯をいれて五分したら完成するはずだ」

箱のなかにお湯をいれると、熱が逃げないようにフタをしめた。五分後、エヌ氏がフタをひらいてお湯をすてると、すばらしい麺ができあがっていた。

神田桂一・菊池良「もし文豪たちがカップ焼きそばの作り方を書いたら」——星新一「エヌ氏の発明」より

本作はツイッター発で大人気となった文体模写作品です。文豪だけでなくミュージシャンなどの有名人をテーマに文体模写がなされています。引用したのは、星新一風のカップ焼きそばの作り方で、パロディともオマージュともとれる文体模写作品です。確かにこのセリフから書き出すに違いない、こういった短文を積み重ねていくに違いない……と感じさせてくれます。

次に敬意を表した文体模写の例です。

芥川君の文学は、そのあまりに文芸的であると共に、またあまりに少年的な、少年的であることに於て著るしい。

萩原朔太郎「芥川龍之介の死」より

芥川龍之介自死に際し、萩原朔太郎が寄せた追悼文です。芥川は雑誌『改造』に「文芸的な、余りに文芸的な」というタイトルの文学評論を連載していました。朔太郎はこれを下敷きに芥川本人のことを「あまりに少年的な、少年的である」と表したのです。

文例

梅が香に
ぬつと刑事（でか）のでる
山路かな

井上ひさし『ブンとフン』より

ポイント 松尾芭蕉「梅が香にのつと日の出る山路哉」のパロディまたはオマージュ。

井上ひさし『ブンとフン』より

たいせつな
お札背負いて　そのあまり
軽きに泣きて
三歩　あゆまず

ポイント 石川啄木「たはむれに母を背負ひて／そのあまり軽きに泣きて／三歩あゆまず」のパロディまたはオマージュ。井上は作品の中で「ちなみに、これも、石川啄木の盗作である。」とユーモアたっぷりに書いている。

神田桂一・菊池良『もし文豪たちがカップ焼きそばの作り方を書いたら』より

もし村上春樹が本書の「はじめに」を書いたら…

この本には「カップ焼きそばの作り方」についてが書かれている。それ以上でもそれ以下でもない。何ら実用性はないし、深い洞察があるわけでもない。始めから終わりまで、本当にそれだけしか書かれていない。毎年十月になると、ノーベル文学賞が発表されるが、この本が受賞することはあり得ないだろう。「脳減るぶんがく賞」すら無理だ。

ポイント 文体模写

練習しよう!

明示引用、引喩、パロディ、文体模写を使い、有名な俳句やことわざをベースにした模写作品を作ってみましょう。ここに挙げた以外の俳句やことわざなどを使っても構いません。

「蓼食う虫も好き好き」
「立っているものは親でも使え」
「捨てる神あれば拾う神あり」
「犬も歩けば棒に当たる」
「風が吹けば桶屋が儲かる」
「古池や蛙飛び込む水の音」(松尾芭蕉)
「雪とけて村いっぱいの子どもかな」(小林一茶)

「柿くへば鐘が鳴るなり法隆寺」（正岡子規）
「霧島は霧にかくれて赤とんぼ」（種田山頭火）
「足のうら洗へば白くなる」（尾崎放哉）
「朝顔につるべ取られてもらい水」（加賀千代女）

引用文献一覧

1章

直喩

宮沢賢治「月夜のでんしんばしら」、北大路魯山人「だしの取り方」、丘浅次郎「自然界の虚偽」、山川方夫「一人ぼっちのプレゼント」、小野佐世男「ジャズ狂時代」、大手拓次「遠く思はるる日」、新美南吉「明日」、芥川龍之介「侏儒の言葉」青空文庫
茨木のり子「汲む—Y・Yに—」『茨木のり子全詩集』花神社、二〇一〇年
花田清輝「七」『七・錯乱の論理・二つの世界』講談社文芸文庫、一九八九年

隠喩

萩原朔太郎「ニイチェに就いての雑感」、山本周五郎「山彦乙女」、太宰治「弱者の糧」、古川緑波「浅草を食べる」、浜尾四郎「悪魔の弟子」、織田作之助「髪」、芥川龍之介「侏儒の言葉」青空文庫
室賀文武「それからそれ」石割透編『芥川追想』岩波文庫、二〇一七年
川端康成『雪国』新潮文庫、一九五〇年
木下杢太郎『百花譜百選』岩波文庫、一九八三年
ニーチェ（氷上英廣訳）『ツァラトゥストラはこう言った』岩波文庫、一九六七年
ニーチェ（阿部六郎訳）「私の怜悧である譯」『この人を見よ』新潮文庫、一九五二年

諷喩

鴨長明「方丈記」（現代語訳：著者）、芥川龍之介「侏儒の言葉」、谷崎潤一郎「痴人の愛」、宮本百合子「文学の流れ」、坂口安吾「安吾巷談 田園ハレム」、芥川龍之介「羅生門」、太宰治「道化の華」、山川方夫「愛のごとく」青空文庫
ラ・ロシュフコー（二宮フサ訳）『ラ・ロシュフコー箴言集』岩波文庫、一九八九年
倉橋由美子『聖少女』新潮文庫、一九八一年
谷村志穂『ナチュラル』幻冬舎文庫、一九九七年

2章

誇張法

正岡子規「病牀六尺」、佐藤惣之助「夏と魚」、太宰治「猿面冠者」青空文庫
正岡子規（俳句）『笑う子規』天野祐吉編　ちくま文庫、二〇一五年
正岡子規（俳句）『正岡子規 言葉と生きる』坪内稔典　岩波新書、二〇一〇年

極言

中谷宇吉郎「塩の風趣」、芥川龍之介「侏儒の言葉」、太宰治「風の便り」青空文庫
真鍋厚「コロナが暴いた『この人は無理』という人間性」東洋経済オンライン2022年6月9日
https://toyokeizai.net/articles/-/354839
テレビドラマ「名探偵ポワロ」シーズン5「黄色いアイリス」（カーニバルフィルムほか製作／1993年イギリス放送）

相対論法

坂口安吾「母を殺した少年」「人生三つの愉しみ」、野村胡堂「銭形平次捕物控 金の茶釜」、室生犀星「野に臥す者」、芥川龍之介「侏儒の言葉」、寺田寅彦「破片」青空文庫

3章

反復法

萩原朔太郎「竹」、宮沢賢治「ツェねずみ」、有島武郎「或る女」、坂口安吾「石の思い」、北原白秋「桐の花」、種田山頭火「其中日記（十三）」、橋本多佳子「麦刈」、夏目漱石「明暗」「文学論」、芥川龍之介「長崎」青空文庫
川端康成『伊豆の踊子』新潮文庫、一九五〇年
筒井康隆『家族八景』新潮文庫、一九七五年

同語反復法

三好達治「雪」、兼常清佐「流行唄」、田山禄弥「娟々細々」、島崎藤村「船」青空文庫

尻取り文

夏目漱石「虞美人草」「草枕」青空文庫
野村克也『野村ノート』小学館、二〇〇五年
伝承歌「いろはにこんぺと」、岡本昆石編「牡丹に唐獅子」、武者小路実隆「源氏文字鎖」『図説ことばあそび遊辞苑』

遊子館、二〇〇七年
尾辻克彦「牡蛎の季節」『肌ざわり』河出文庫、二〇〇五年

4章

音数律

与謝野晶子「君死にたまふことなかれ」、宮沢賢治「マグノリアの木」、谷崎潤一郎「春琴抄」、カアル・ブッセ（上田敏訳）「山のあなた」、夏目漱石「野分」「水底の感」青空文庫
金子みすゞ「星とたんぽぽ」『不思議 金子みすゞ詩集』岩崎書店、二〇〇九年
安部公房『砂の女』新潮文庫、一九八一年

音彩法

谷川俊太郎「かっぱ」「だって」『ことばあそびうた』福音館書店、一九七三年
松尾芭蕉（俳句）『芭蕉俳句集』岩波文庫、一九七九年
与謝野鉄幹（俳句）逸見久美著『むらさき全釈』八木書店、一九八五年
井上ひさし『ブンとフン』新潮文庫、一九七四年
作者不詳「続音声遊戯」『図説ことばあそび遊辞苑』遊子館
紀友則（和歌）『新版 百人一首』角川ソフィア文庫、一九九九年
上杉鷹山「上杉鷹山書状」米沢市博物館
https://www.denkoku-no-mori.yonezawa.yamagata.jp/togodb/capt.php?ID=21485

5章

婉曲法

谷崎潤一郎「陰影礼讃」、ささきふさ「おばあさん」、堀辰雄「絵はがき」、芥川龍之介「玄鶴山房」青空文庫

含意法

織田作之助「薬局」、田中貢太郎「轆轤首」青空文庫
三木卓「系図」『三木卓詩集』思潮社、一九七七年
井上ひさし『新装版 四十一番の少年』文春文庫、二〇一〇年
内田百閒「サラサーテの盤」『東京日記』岩波文庫、一九九二年

6章

撞着語法

有島武郎「小さき者へ」、石川欣一「可愛い山」、小川未明「囚われたる現文壇」、萩原朔太郎「非論理的性格の悲哀」、倉田百三「愛と認識との出発」青空文庫

花田清輝「サンチョ・パンザの旗」『七・錯乱の論理・二つの世界』講談社文芸文庫

シェイクスピア（中野好夫訳）『ロミオとジュリエット』新潮文庫、一九五一年

倉橋由美子『聖少女』新潮文庫、一九八一年

筒井康隆『家族八景』新潮文庫、一九七五年

ラ・ロシュフコー（二宮フサ訳）『ラ・ロシュフコー箴言集』岩波文庫、一九八九年

擬人法

岡本かの子「秋雨の追憶」、室生犀星「はる」『愛の詩集』、高村光太郎「山の春」、柳宗悦「雑器の美」、梶井基次郎「海断片」、堀辰雄「風立ちぬ」、葉山嘉樹「労働者の居ない船」青空文庫

ラ・ロシュフコー（二宮フサ訳）『ラ・ロシュフコー箴言集』岩波文庫、一九八九年

共感覚法

山本周五郎「山彦乙女」、中勘助「銀の匙」、岡本かの子「鮨」、梶井基次郎「海 断片」、古川緑波「甘話休題」、寺田寅彦「青磁のモンタージュ」、堀辰雄「春日遅々」青空文庫

パイオニア株式会社ホームページ

https://jpn.pioneer/ja/carrozzeria/speaker/custom_fit_sp/ts-f1740-2_ts-f1640-2_ts-f1040-2/

7章

修辞疑問法

柳宗悦「工藝の道」、太宰治「弱者の糧」、江戸川乱歩「日記帳」、葉山嘉樹「労働者の居ない船」、中島敦「鏡花氏の文章」、宮本百合子「作品のテーマと人生のテーマ」、織田作之助「可能性の文学」青空文庫

逆言法

北大路魯山人「料理と食器」、林不忘「釘抜藤吉捕物覚書怪談抜地獄」、寺田寅彦「研究的態度の養成」、芥川龍之介「鼻」、中谷宇吉郎「長崎留学」、岸田國士「新劇界の分野」青空文庫

緩叙法

坂口安吾「集団見合」、谷崎潤一郎「陰影礼讃」、種田山頭火「其中日記（十三）」、正岡子規「病牀六尺」、牧野信一「僕の酒」、寺田寅彦「丸善と三越」青空文庫
内田百閒『クルやお前か』旺文社文庫、一九八三年

反語法

夏目漱石「吾輩は猫である」、太宰治「桜桃」、グリム（矢崎源九郎訳）「灰かぶり」青空文庫
筒井康隆『現代語裏辞典』文藝春秋、二〇一六年

8章

省略法

梶井基次郎「檸檬」、太宰治「ダス・ゲマイネ」、アンデルセン（矢崎源九郎訳）「モミの木」、山本周五郎「蜆谷」、アーネスト・ヘミングウェイ（石波杏訳）「老人と海」、永井荷風「畦道」、大杉栄「自叙伝」、太宰治「喝采」青空文庫

黙説法

岡本綺堂「鰻に呪われた男」、山本周五郎「赤ひげ診療譚 三度目の正直」、江戸川乱歩「踊る一寸法師」、宇野浩二「思ひ出すままに『文藝春秋』と菊池と」青空文庫

躊躇・訂正

太宰治「惜別」、夏目漱石「こころ」「写生文」、北條民雄「書けない原稿」、織田作之助「夜光虫」青空文庫
花田清輝「サンチョ・パンザの旗」『七・錯乱の論理・二つの世界』講談社文芸文庫、一九八九年

感嘆法・驚嘆法

種田山頭火「其中日記（十二）」、エドガー・アラン・ポー（佐々木直次郎訳）「しめしあわせ」、萩原朔太郎「虚無の歌」、三好達治「測量船」青空文庫

9章

くびき法

ラ・ロシュフコー（二宮フサ訳）『ラ・ロシュフコー箴言集』岩波文庫

掛詞・兼用法

中村渠「明るすぎる月」、柳宗悦「雑器の美」青空文庫
皇嘉門院別当（和歌）『新版 百人一首』角川ソフィア文庫、一九九九年
内田百閒「山高帽子」『冥途・旅順入城式』岩波文庫、一九九〇年
ルイス・キャロル（高杉一郎訳）『ふしぎの国のアリス』講談社文庫、一九八三年

10章

倒置法

中島らも『水に似た感情』集英社文庫、二〇〇〇年
立原道造「またある夜に」『立原道造詩集』岩波文庫、一九八八年

対句法・対照法

宮沢賢治「雨ニモマケズ」、坂口安吾「二十七歳」、百田宗治「どこかで春が」、三好達治「測量船」青空文庫

11章

擬声法

中原中也「サーカス」、宮沢賢治「風野又三郎」、森鷗外「キタ・セクスアリス」、古川緑波「古川ロッパ日記」、楠山正雄「桃太郎」、宮本百合子「透き徹る秋」、二葉亭四迷「浮雲」青空文庫
与謝蕪村（俳句）『蕪村俳句集』岩波文庫、一九四八年
内田百閒「私塾」『続百鬼園随筆』新潮文庫、二〇〇二年
浄瑠璃「一心五戒魂」『日本語オノマトペ辞典』小学館、二〇〇七年

列叙法

夢野久作「お菓子の大舞踏会」、国木田独歩「武蔵野」、兼常清佐「流行唄」、有島武郎「カインの末裔」青空文庫
清少納言『枕草子 能因本』笠間書院、二〇〇八年
谷川俊太郎「色」『空の青さをみつめていると』角川文庫、

一九八五年
志賀直哉「雪の日」『小僧の神様・城の崎にて』新潮文庫、一九八一年

漸層法

薄田泣菫「木犀の香」「艸木虫魚」、浜尾四郎「悪魔の弟子」、夢野久作「若返り薬」、夏目漱石「草枕」青空文庫
井上ひさし『ブンとフン』新潮文庫、一九七四年
マルセル・プルースト（井上究一郎訳）『失われた時を求めて』ちくま文庫、一九九二年
花田清輝「人生論流行の意味」『花田清輝評論集』岩波文庫、一九九三年

12章

明示引用・引喩

森律子「三度會った巡査」、萩原朔太郎「僕の孤独癖について」、宮本百合子「獄中への手紙」、江戸川乱歩「黄金仮面」、福沢諭吉「学問のすすめ」、谷崎潤一郎「陰影礼讃」、夏目漱石「坊ちゃん」青空文庫
筒井康隆『脱走と追跡のサンバ』角川文庫、一九七四年
井上ひさし『モッキンポット師の後始末』講談社文庫、一九七四年
筒井康隆『文学部唯野教授』岩波現代文庫、二〇〇〇年

パロディ・文体模写

井上ひさし『ブンとフン』新潮文庫、一九七四年
石川啄木（俳句）『石川啄木』学燈社、一九六二年
神田桂一・菊池良『もし文豪たちがカップ焼きそばの作り方を書いたら』宝島社、二〇一七年
萩原朔太郎「芥川龍之介の死より」石割透編『芥川追想』岩波文庫、二〇一七年

参考文献

『レトリック事典』監修　佐藤信夫・佐々木健一・松尾大、大修館書店、二〇〇六年
『日本語修辞辞典』野内良三、国書刊行会、二〇〇五年
『レトリック感覚』『レトリック認識』佐藤信夫、講談社学術文庫、一九九二年
『レトリックの記号論』佐藤信夫、講談社学術文庫、一九九三年
『文学の名表現を味わう』中村明、NHK出版、二〇一二年
『私家版　日本語文法』井上ひさし、新潮社、一九八一年
『自家製　文章読本』井上ひさし、新潮文庫、一九八七年
『漱石文体見本帳』北川扶生子、勉誠出版、二〇二〇年
『文体トレーニング』中村明、PHP、二〇一二年
『吾輩はユーモアである』中村明、岩波書店、二〇一三年
『日本語のレトリック』瀬戸賢一、岩波ジュニア文庫、二〇〇二年
『「超」実用的文章レトリック入門』加藤明、朝日新書、二〇一七年
『文章読本』丸谷才一、中公文庫、一九八〇年
『文章読本』吉行淳之介他、中公文庫、二〇二〇年
『文章読本』三島由紀夫、中公文庫、一九九五年
『文章読本』谷崎潤一郎、中公文庫、一九七五年

おわりに

レトリックに恋をして

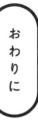

共感覚法による表現「黄色い声」に出会ったのは小学生の頃でした。初めて聞いた言葉であるにもかかわらず、それが甲高い声を指すと直感しました。その直感から空想の枝は広がり、茶色は低い声、赤色は怒りの声、黒は緑は青は……と声の色に思いを巡らせて楽しんだ記憶があります。

中学高校時代に読んだ本の中で印象に残っている一冊に、ルナールの『博物誌』（岸田國士訳　新潮文庫）があります。著者が自分を取り巻く自然や動物を観察し、詩のような短文で著したものです。例えば次のような一節があります。

「蜘蛛

髪の毛をつかんで硬直している、真っ黒なけむくじゃらの小さい手。」
「蝸牛
いい天気になると、精いっぱい歩き回る。それでも、舌で歩くだけのことだ。」
「蝶
二つ折りの恋文が、花の番地を捜している。」

隠喩のオンパレードです。小さな生命を細やかな視点で捉え、ここまで詩的に表現した作品を私は他に知りません。私自身が小さな生き物が大好きだったこともあり、非常に感銘を受けて何度も読み返したものでした。これがきっかけで他の詩人の詩集も手に取るようになり、多くの文彩に触れることとなりました。

歳を重ねた私は、モノの名前に心惹かれる自分に気づきました。「おぼろ豆腐」「うぐいす餡」「卯の花」「春雨」「もみじおろし」「きぬかつぎ」など隠喩による美しい名の食べ物。同じく隠喩ですが「オオイヌノフグリ（大犬の陰嚢）」「キツネノカミソリ（狐の剃刀）」など、植物の名はユーモラス。「ママコノシリヌグイ（継子の尻拭い）」や「ジゴクノカマノフタ（地獄の釜の蓋）」など含意的な名を持つ植物もあります。――このような詩的な表現と出会う度に、名前はもちろん、そのモノごと好きになってしまう私なのでした。

その後も多くの言葉に恋をしながら、文章を書く仕事に就きました。私は「言葉が好き」なのだと思い込んでいたのですが、こうして振り返ってみると「言葉が好き」というよりも「レトリックが好き」なのかもしれません。

さて、さまざまな例文とともに12章を進めてきましたが「レトリックは面白い」「レトリックが好き」と感じていただけたでしょうか。難解な語を使った例文はひとつもなかったはずです。文章表現で大切なことは、言葉の数よりも言葉の使い方なのです。

表現力を磨く究極の方法

私は児童書を中心に著述をしている作家です。児童文学や童話の他、言葉遊び（回文、早口言葉、駄洒落など）や、敬語、作文、文法などをテーマにした国語関連の著作がたくさんあります。とはいうものの、最初から児童文学や言葉関連の著述を生業としていたわけではありません。

商業作家になる前――将来はペンで食べていくつもりだった私は、故郷で会社員をしながらコツコツと小説や詩を書いていました。小さなコンテストで受賞を重ねたり、地元の雑誌などに寄稿する機会が増えてゆき、あるとき会社をやめて文章教室を開校。執筆中心の生活がスタートしたのは20代後半の頃でした。

その後まもなく、出版社主催の児童文学賞で大賞をいただき、作品が単行本として商業出版され、児童書の書き手として商業デビューしました。結果、児童書界に身を置くこととなりましたが、さまざまな文章を書くための技術は、コンテストに応募したり教室を開いたりしたこの数年間に学んだといっていいでしょう。

その頃の私は、筆力や描写力をつけるために、目で見たものをすべて文章にする訓練をよくやっていました。訓練というより遊びみたいなものです。例えば喫茶店で、自分のあとから男性客が入ってきたとしましょう。その男性客の様子を脳内で描写するわけです。

男の特徴はこうです。

1 ハンチングをかぶっている
2 白髪がある年齢
3 眉間に深いしわがある

観察から得られた要素を書き出すだけでは「説明」です。文章の中にうまく溶け込ませると「描写」になるのです。説明をせず、描写をするのがポイントです。

男はゆっくりと腰を下ろすと、目深にかぶったハンチングを脱いでテーブルの端に置いた。白いものが混じった頭に手をやりながらメニューを開く。ページを行ったり来たりと何度か往復させ、眉間にしわを寄せる。いつもこの表情をしているせいだろうか、軽く笑顔を作りコーヒーをオーダーするときもそこに刻まれたしわが消えることはなかった。

この練習は、いつでもどこでもできます。朝起きて顔を合わせた家族を描写、今日着る衣服に悩む自分を描写、家を出て目にした風景を描写――二十四時間、いつでもどこでも、思う存分練習できます。

生まれつき歌のうまい人、運動神経のいい人、絵心のある人など、もともと高い能力を持ち合わせている人がいます。特にこれといった練習をしていなくとも、言葉に敏感な人とそうでない人がいることも事実です。

「言葉に敏感な人」とは、文章のリズムや空気感など言葉で説明しづらいことを察知する能力があるかどうか、言葉に対する鋭い感度を持つかどうかです。

では感度が鈍い者は諦めるしかないのかといえば、それは違います。刀だって最初は刃のついていない金属の塊にすぎませんが、鍛え上げることで名刀が誕生するわけです。同様に、文章も磨き続ければ必ず変化が訪れるはずです。文章力や表現力を磨く究極の方法は「たくさんの文章（名文）を読み、たくさんの文章を書くこと」です。


現代社会に生きていると、毎日ものすごいスピードで情報が現れては消えていきます。文を書くにもそのスピードに流されて、お決まりの言葉や流行語などでザッと片づけてしまうことも多いかもしれません。そんな社会の中でもちょっと立ち止まり、レトリックを意識した一文を認めてみてください。そこに現れるのは、いつもと違う彩りを持った文章のはずです。

難しく考える必要はありません。普段の言葉で譬えたり組み合わせたりしながら、肩の力を抜いてレトリックの世界で楽しんでみてください。まずは言葉の面白さを感じてみてください。——本書が皆様の文章作成の一助となれば、こんなに嬉しいことはありません。

二〇二三年　冬

ながたみかこ

ながたみかこ

絵本や童話などの児童書のほか、一般文芸や作詞など幅広く手掛ける作家。言葉遊びや日本の民話、妖怪などの面白さを子供向けにわかりやすく表現する作品が多い。著書に『日本の妖怪&都市伝説事典』(大泉書店)、『こわくて不思議な妖怪の話』(池田書店)、『裏切りの日本昔話』(笠間書院)など。

ふだん使いの文章レトリック
たとえる、におわす、ほのめかす!?

2023年3月5日　初版第1刷発行

著者……ながたみかこ
イラスト……killdisco
発行者……池田圭子
発行所……笠間書院
〒101-0064
東京都千代田区神田猿楽町2-2-3
電話03-3295-1331
FAX03-3294-0996

アートディレクション……細山田光宣
装幀・デザイン……鎌内文(細山田デザイン事務所)
本文組版……キャップス
印刷・製本……モリモト印刷

ISBN 978-4-305-70981-3
JASRAC 出 2209868-201

https://kasamashoin.jp